FÉNELON, ORATEUR.

FÉNELON

ORATEUR

ROUEN

E. CAGNIARD,

IMPRIMEUR DE LA FACULTÉ DE THÉOLOGIE,

Rues Jeanne-d'Arc, 88, et des Basnage, 5.

—

1875.

A MON PÈRE ET A MA MÈRE

A MES FRÈRES

Anatole LOTH, Curé du Bourg-Dun.
Arthur LOTH, Avocat, Rédacteur de l'*Univers*.
Georges LOTH, Licencié en droit.

A MES SŒURS

Marie, Mathilde, Angèle, Anastasie, Berthe.

AUX CŒURS BONS ET DÉVOUÉS

qui m'ont aimé et consolé dans la vie.

JE DÉDIE CETTE THÈSE

Comme un hommage de ma profonde tendresse et de mon
éternelle reconnaissance.

FÉNELON

ORATEUR.

Je viens, après tant d'autres, parler de Fénelon.
Tout a été dit, ce semble, sur ce pur et aimable génie
qui, par une rare fortune, a rencontré dans la postérité une admiration et une sympathie égales à son
mérite. Et, cependant on se sent encouragé à révéler
de nouveau les qualités de cette âme exquise, à étudier les œuvres laissées par ce puissant esprit pour la
consolation et l'enseignement des générations, à se
réchauffer aux flammes de son cœur. Fénelon est, en
effet, du petit nombre de ces hommes vraiment grands
et vraiment bienfaisants que l'on ne peut fréquenter
sans devenir meilleur, et qu'on ne se lassera d'aimer
que lorsque la source des nobles sentiments sera ta-
rie dans l'humanité. Tout le monde en parle comme
d'un ami commun. Libres-penseurs et croyants lui
rendent les mêmes hommages. Rousseau lui a consacré des lignes pleines d'émotion; Voltaire n'a pas
osé ternir cette belle renommée. Les écrivains

les moins orthodoxes déclarent, dans ce siècle même où l'on s'est si facilement désaccoutumé du respect, que Fénelon « tiendra toujours une des plus belles places parmi les vrais saints de l'humanité régénérée, » et c'est Pierre Leroux qui a dit que l'archevêque de Cambrai « demeurera comme un type de grâce, de douceur, de pureté, de grandeur idéale et de charité divine et humaine. » Nul n'a été plus loin dans l'enthousiasme vis-à-vis de cette grande figure que M. de Lamartine, et nous aimons à placer en tête de cette étude les paroles du poëte-écrivain : « De tous les grands hommes de ce grand siècle de Louis XIV, aucun n'a laissé une mission si douce à regarder ; il y a de la tendresse dans l'accent de tout homme qui parle de cet homme. Sa poésie enchante notre enfance, sa religion respire la douceur de l'agneau, symbole du Christ.... Il a appliqué dans sa pensée l'Évangile à la société, il a voulu le règne de Dieu sur la terre ; il a enseigné aux rois les droits sacrés de l'homme en enseignant aux peuples les devoirs du citoyen. Il a eu soif de l'égalité chrétienne, de la liberté réglée, de la justice, de la morale, de la charité dans les rapports des gouvernants avec les peuples, des peuples avec les gouvernants... ; il a versé son âme dans l'âme de deux siècles... La France a eu des génies plus mâles, elle n'en a eu aucun d'aussi tendre. Quand on prononce son nom ou quand on ouvre son livre, chacun croit voir sa figure ; on croit entendre la voix d'un ami. Y a-t-il une gloire qui surpasse en élévation et en solidité tant d'amour... Quelques hommes ont fait craindre ou briller davantage la France ; aucun ne la fit plus aimer des nations. »

En moins de paroles, De Maistre, qui burinait à la façon de Michel-Ange, avait dit :

« Veut-on dessiner la grandeur idéale? Qu'on essaie d'imaginer quelque chose qui surpasse Fénelon, on n'y réussira pas. »

Il faudrait des volumes si l'on voulait recueillir les témoignages d'admiration et de sympathie que les littérateurs, les philosophes, les moralistes, les critiques, les historiens ont donnés, comme à l'envie, à ce grand et aimable génie. Tous ces témoignages n'ajouteraient rien à la splendeur de son nom et à la douceur de sa renommée.

D'ailleurs, dans cette thèse, je n'ai pas la prétention d'entreprendre l'étude de Fénelon, moins encore, celle de refaire, après l'illustre cardinal de Beausset, l'histoire de sa vie. Mon dessein est plus modeste. Les travaux entrepris dans ces deux derniers siècles ont mis suffisamment en lumière, dans Fénelon, le littérateur, le philosophe, le politique, le saint prélat. Peut-être n'a-t-on pas assez étudié en lui l'orateur. J'ai pensé qu'il y avait du moins quelque chose à dire sur ce point, et j'ai essayé d'ajouter par là mon humble voix au concert de louanges et de bénédictions qui entourent son souvenir.

Je me suis donc appliqué uniquement au côté oratoire de son œuvre et à le montrer comme un des grands précepteurs et un des plus illustres représentants de la chaire française.

CHAPITRE I.

—

FÉNELON DOIT–IL ÊTRE RANGÉ PARMI LES
ORATEURS?

Une première question s'impose à notre esprit :
Fénelon doit–il être rangé parmi les orateurs? Si l'on
n'avait, pour répondre, que le témoignage des contemporains, on hésiterait. Sauf La Bruyère, le seul
qui ait rendu hommage au génie oratoire de l'archevêque de Cambrai, les écrivains du xviie siècle,
comme les critiques du xviiie, ont méconnu cette
gloire de Fénelon. Qu'on lise les volumineux mémoires que le grand siècle nous a laissés, on y trouvera souvent mention des écrits, des controverses,
des œuvres et des vertus de Fénelon, mais jamais un
mot de son éloquence ou de ses discours. Les auteurs
qui ont le plus spécialement écrit sur l'histoire de la
prédication le passent sous silence, ou donnent de
son talent oratoire des appréciations aussi fausses
qu'impertinentes. L'auteur du *Dictionnaire biogra-*

phique et bibliographique des Prédicateurs et Ser-
monnaires français se contente de dire : « Quant aux
sermons de Fénelon, qui sont en petit nombre, on ne
peut pas dire qu'ils répondent à la réputation de l'auteur des *Dialogues sur l'Eloquence.* » L'abbé Goujet,
dans sa bibliothèque française, assure que « nous
n'avons rien de Fénelon, dans le genre de l'éloquence
sacrée, qu'on puisse placer au premier ni même au
second rang. » Le *Dictionnaire portatif des Pré-*
dicateurs français, imprimé à Lyon en 1757, s'exprime ainsi à l'article Fénelon, et l'on peut dire que
ces paroles traduisent le sentiment commun à cette
époque : « On ne peut pas cependant proposer ses
sermons comme des modèles d'éloquence ; on y reconnaît, à la vérité, la beauté du génie de l'auteur, la
vivacité et les richesses de son imagination, mais
pour s'exprimer dans les mêmes termes que l'éditeur
qui les a donnés au public, après la mort de cet archevêque, sous le titre de *Sermons choisis sur divers*
sujets, ils ne sont que les premières fleurs des fruits
mûrs qui ont suivi; ils sont de la jeunesse de ce
prélat, et du temps qu'il n'était que M. l'abbé de
Fénelon. »

Nous pourrions multiplier ces preuves du déni de
justice des contemporains et du siècle suivant à l'endroit de l'éloquence de Fénelon, mais à quoi bon ?

Qui ne sait que Bossuet a subi le même traitement.
Les mémoires du temps ne parlent pas plus des ser-

mons de Bossuet que de ceux de Fénelon. Le cardinal de Beausset a pu dire que « les contemporains du grand évêque de Meaux, parlèrent à peine de lui comme orateur et jamais comme prédicateur. » La Harpe a osé écrire que Bossuet fut « médiocre dans ses sermons, » Rollin, « qu'il ne se soutient pas, » Dussault, que ses sermons sont des « matériaux informés empreints parfois du sceau de son génie, » et encore des « ouvrages de mauvais goût. »

Ceux qui sont au courant de l'histoire littéraire du XVIIe siècle n'ignorent pas que Bossuet se vit préférer comme prédicateurs, non-seulement Bourdaloue, mais des hommes qui, pour n'être pas les premiers venus, tels que Fromentières, Mascaron, Le Bouy, ne peuvent cependant, à aucun titre, être mis en comparaison avec lui.

Le cardinal Maury est le premier qui ait rendu pleine justice aux talents oratoires de Fénelon. Il a consacré à ce sujet, dans son *Essai sur l'Éloquence,* tout un chapitre qui serait à citer ici, car il suffit seul à répondre à la question que nous avons posée. Nous en reproduirons les premières pages qui nous paraissent décisives.

« S'il n'est pas nécessaire, pour être placé au plus haut rang parmi les orateurs, d'avoir composé un grand nombre de chefs-d'œuvre ; s'il suffit, pour fonder en ce genre une renommée éclatante, d'avoir illustré son talent par un ou deux discours de pre-

mier ordre, ou même simplement d'une imposante cé-
lébrité, comme Pline, en composant le panégyrique de
Trajan, et peut-être Fléchier, en prononçant l'oraison funèbre de Turenne, infiniment supérieure à tous
ses autres ouvrages ; si une pareille distinction suffit
enfin pour consacrer une grande réputation oratoire,
et même pour partager la gloire de ces génies plus
féconds, qui jouissent des honneurs de la primauté
dans la carrière de l'éloquence, on peut ajouter avec
confiance à la liste de nos plus célèbres orateurs
sacrés, sur laquelle l'opinion publique n'inscrit encore que Bossuet, Bourdaloue et Massillon, le nom
d'un écrivain supérieur en goût comme en talent aux
deux panégyristes de Trajan et de Turenne, je veux
dire le nom chéri de Fénelon, qui s'est associé à la
prééminence de nos trois immortels prédicateurs et
marche leur égal, sans avoir besoin d'autres titres
que deux discours qui lui en assurent le droit aux
yeux de la postérité. »

« C'est louer beaucoup, je le sens ; c'est exalter surtout fort tard, après plus d'un siècle révolu, l'éloquence de Fénelon, que de l'assimiler à de tels rivaux
dans le genre de la chaire. Mais outre que l'enthousiasme serait sans doute excusable en réclamant
contre un déni de justice, mon admiration ne demande
nullement à être crue sur parole. Je produirai, dans
un instant, les preuves qui la motivent ; et je recon-

naîtrai que j'ai tort si les citations les plus triomphantes ne servent pas de fondement à mes éloges.

« L'un des titres oratoires sur lequel je fonde mon opinion est le sublime et pathétique discours que Fénelon prononça dans l'église collégiale de Lille, en 1708, quand il fit la consécration du prince de Bavière, archevêque-électeur de Cologne. C'est une pièce d'éloquence de premier ordre. J'ai suffisamment manifesté, et le jugement des gens de lettres a pleinement confirmé la haute admiration dont m'avait transporté la lecture de ce bel ouvrage, lorsque j'élevai le premier ma faible voix pour l'exalter comme un chef-d'œuvre digne de Bossuet, dans un temps où il était entièrement oublié ou plutôt généralement inconnu.

« Le second sermon sur lequel j'appelle l'attention publique fut prêché une seule fois, aux Missions-Étrangères, le jour de l'Épiphanie, en 1685, par l'abbé de Fénelon, qui était alors âgé de trente-quatre ans, et dont le goût et le talent étaient, par conséquent, déjà parvenus à toute leur maturité. Dans le premier enthousiasme que m'inspira, il y a longtemps, la découverte de ce nouveau titre de gloire qui doit tant illustrer l'éloquence de l'archevêque de Cambrai, j'invitai plusieurs gens de lettres à entendre un très-beau sermon de Bossuet qui n'était encore connu de personne, et je voulais en faire moi-même la lecture dans notre comité, pour mieux jouir de leur surprise et de leur ravissement. J'ai renouvelé plus d'une fois, et toujours avec un égal succès, la même expérience. Tout bon lecteur peut réitérer cette épreuve avec confiance dans une assemblée de connaisseurs capables d'en juger. S'il y avait, à mon insu, de l'exagération dans le jugement que je vais rapporter, ce ne serait donc pas à moi seul, mais, je puis le dire, à l'élite de notre littérature entière, qu'elle devrait être imputée. Tous les auditeurs furent terrassés d'admiration. On s'écria unanimement que *l'aigle brillant de Meaux était seul capable de s'élever à une si grande hauteur.* On croyait voir tantôt l'imagination d'Homère, tantôt la véhémence de Démosthènes, tantôt le génie et le pathétique de saint Jean-Chrysostôme, tantôt la verve et la majesté de Corneille, tantôt même, dans quelques traits de la péroraison, l'énergie et la profondeur de Tacite, souvent les élans et l'élévation de Bossuet, mais toujours une pureté unique de goût et une perfection inimitable de style qu'on ne pouvait assez admirer. Je ne laissais jamais échapper le volume de mes mains durant la lecture, et après avoir bien joui de l'ivresse et de l'enthousiasme de nos académiciens, j'excitais encore plus de surprise en montrant que l'ouvrage était de Fénelon. Le discours ne leur en paraissait que plus beau. On concluait de cette découverte que nous n'étions plus au temps des profondes études littéraires ; que l'ignorance et la dissipation, satisfaites de pouvoir acquitter par une contribution quotidienne et légère, des journaux, le

misérable contingent de la conversation , s'affran-
chissaient trop souvent de toute instruction soignée
et solide. On se demandait avec étonnement quel fond
on pouvait donc faire sur les succès en littérature,
quand on voyait une aussi grande renommée que celle
de Fénelon insuffisante depuis plus d'un siècle pour
sauver de l'oubli un chef-d'œuvre d'un tel écrivain,
dont la gloire inspire tant d'intérêt à la nation ? »

Il n'y a rien à objecter aux judicieuses observations
du cardinal Maury, et l'épreuve qu'il rappelle sem-
blera sans réplique aux hommes sérieux. Sans doute
si Fénelon eût multiplié les chefs-d'œuvre, tel que
le sermon sur l'Épiphanie, on ne pourrait, sans une
crasse ignorance, lui dénier le renom de grand orateur, mais ce n'est pas le nombre mais la qualité des
ouvrages qui décide du génie d'un homme. La
Bruyère n'a publié qu'un volume et son nom est immortel. Le xviiie siècle nous a laissé plus de deux
mille sermons imprimés, c'est à peine si la postérité
en lira quelques-uns.

Après le cardinal Maury, le cardinal de Beausset,
dans son admirable *Histoire de Fénelon*, n'a pas peu
contribué à faire restituer à ce grand prélat sa légitime renommée d'orateur. Il a rappelé d'abord qu'il
« prêchait régulièrement le carême dans quelques-
unes des églises de sa ville, et à certains jours solennels dans son église cathédrale. Les sermons d'une

année ne revenaient jamais dans les suivantes. Il donnait aux mêmes sujets une forme nouvelle, sans avoir jamais besoin de se copier. Il n'y avait pas une des paroisses des villes et des campagnes qu'il n'eût visitée, et où il n'eût accompagné sa visite d'une instruction pour le peuple..... Nous avons les manuscrits originaux d'un très-grand nombre de ses sermons, ou plutôt des plans de sermons, car il ne faisait que jeter sur le papier les traits principaux ; ces traits sont même indiqués avec une telle rapidité que la plupart des mots s'y trouvent écrits par abréviation ; ce n'étaient point des appuis qu'il plaçait pour assurer la marche de ses discours, c'étaient plutôt des barrières qu'il opposait à son étonnante facilité ; il paraissait craindre de s'abandonner à la fécondité de son imagination qui lui offrait une trop grande abondance d'idées. » M. de Beausset s'attache ensuite à prouver que si Fénelon « n'a pas laissé la réputation d'un orateur dans le sens qu'on attache communément à cette expression, » il la méritait néanmoins, soit par ses discours, soit surtout par les préceptes contenus dans les *Dialogues sur l'Éloquence.*

Les critiques de notre temps ont, en général, accepté ce jugement et compris Fénelon parmi les illustrations de la chaire française. M. Sainte-Beuve y met bien quelques réserves, mais son appréciation est à citer, parce qu'elle montre un des côtés du talent de notre orateur.

« L'esprit si fin et si pénétrant, si athénien et si chrétien tout ensemble de Fénelon, jugeant le talent des autres, même lorsque ce talent était le plus solide et le mieux établi, y voyait tous les défauts qu'un goût délicat peut seul ressentir, et il les eût voulu éviter. Quand il prêchait pour son compte dans ses missions, dans ses instructions pastorales, dans ses homélies de diocèse, je ne fais nul doute que Fénelon ne fût arrivé à une sorte de perfection, délicieuse pour les gens d'esprit qui l'écoutaient en même temps que salutaire et persuasive pour tous... C'était avec son esprit, avec son âme, avec son goût que Fénelon fut orateur comme il fut tout ce qu'il voulut être, et on ne désirait rien de plus en l'écoutant. »

M. Sainte-Beuve ajoute que Fénelon, « en raison même de la multiplicité de ses dons, n'avait pas reçu avant tout celui de la puissance oratoire, de cette organisation manifeste, naturellement montée pour être sonore et retentissante, pour être hautement distributive à distance. » Dans ce sens, en effet, Fénelon n'était pas orateur, mais l'éloquence ne consiste pas du tout, à notre avis, dans une « organisation montée pour être *sonore* et *retentissante* et *être hautement distributive* A DISTANCE. » Ce sont là des défauts plus que des qualités. On les rencontre chez les déclamateurs, non chez les maîtres de la parole.

Nous préférons à cette phrase celles qui suivent, et dans lesquelles M. Sainte-Beuve a trouvé la note juste :

« Quand il parlait, comme lorsqu'il écrivait, Fénelon se tenait plus volontiers à mi-côte et sur les collines : « Son style noble et léger, a-t-il dit de Pellisson, ressemblait à la démarche des divinités fabuleuses qui coulaient dans les airs sans poser le pied sur la terre. » On peut le dire de lui-même et en supprimant l'image de fabuleuse ; sa parole avait quelque chose de noble et de léger qui rappelle ces figures angéliques, amies de l'homme, et se tenant toujours à sa portée, qui pourraient s'enlever plus haut, qui ne le veulent pas, et qui aiment mieux, dès qu'il le faut, redescendre. Fénelon, dans ses effusions de parole publique ou particulière, a des instants d'énergie et de grande force, mais ce ne sont que des instants ; la familiarité, la grâce, l'insinuation sont sa plus ordinaire habitude et son allure naturelle. »

Le jugement le plus compétent et le plus autorisé qui ait été prononcé sur l'éloquence de Fénelon émane d'un contemporain du grand prélat, d'un maître dans l'art de penser et de bien dire, de La Bruyère, qui reçu trois mois après Fénelon à l'Académie française, pouvait dire au milieu des applaudissements de son brillant auditoire, en faisant allusion à son discours de réception : « Après ce que vous avez entendu, comment osé-je parler, comment daignez-vous m'entendre ? Avouons-le : on sent la force et l'ascendant de ce vaste esprit, soit qu'il prêche de génie et sans préparation, soit qu'il prononce un discours étudié et oratoire, soit qu'il explique ses pensées dans la conversation. Toujours maître de l'oreille et du cœur de ceux qui l'écoutent, il ne leur permet d'envier ni tant d'élévation, ni tant de facilité, de délicatesse, de politesse ; on est assez heureux de l'entendre, de sentir ce qu'il dit, et comme il le dit. » On ne peut mieux définir ni louer un véritable orateur que ne le fait La Bruyère en ces quelques lignes.

Mais voici qui est plus caractéristique encore. Dans une des meilleures pages qu'il a laissées, Vauvenargues, qui avait au témoignage de l'un de nos critiques les plus autorisés et les plus orthodoxes, M. Frédéric Godefroy, une incontestable supériorité de bon sens, et le talent de diagnostiquer le vrai avec une rare certitude, au point de vue littéraire, bien entendu, Vauvenargues établit un parallèle entre Pascal, Bossuet et Fénelon.

Après avoir exalté avec la plus juste admiration le génie de Bossuet et de Pascal, il s'écrie en parlant de Fénelon :

« Mais toi qui les a surpassés en aménité et en grâces, ombre illustre, aimable génie, toi qui fit régner la vertu par l'onction et par la douceur, pourrais-je oublier la noblesse et *le charme de ta parole, lorsqu'il est question d'éloquence.* Né pour cultiver la sagesse et l'humanité dans les rois, ta voix ingénue fit retentir au pied du trône les calamités du genre humain foulé par les tyrans, et défendit contre les artifices de la flatterie la cause abandonnée des peuples. Quelle bonté de cœur, quelle sincérité se remarquent dans tes écrits ! Quel éclat de paroles et d'images ! Qui sema jamais tant de fleurs dans un style si naturel, si mélodieux et si tendre ? Qui orna jamais la raison d'une si touchante parure ? Oh que de trésors d'abondance dans ta riche simplicité !

« O noms consacrés par l'amour et par les respects de tous ceux qui chérissent l'honneur des lettres, restaurateurs des arts, pères de l'éloquence, lumières de l'esprit humain, que n'ai-je un rayon du génie qui échauffa vos profonds discours pour vous expliquer dignement et marquer tous les traits qui vous ont été propres. Si l'on pouvait mêler des talents si divers, peut-être qu'on voudrait penser comme Pascal, écrire comme Bossuet, *parler comme Fénelon* ; mais parce que la différence de leur style venait de la différence de leurs pensées et de leur manière de sentir les choses, ils perdraient beaucoup tous les trois si l'on voulait rendre les pensées de l'un par les expressions de l'autre. On ne souhaite point cela en les lisant, car chacun d'eux s'exprime dans les termes les plus assortis au caractère de ses sentiments et de ses idées ; ce qui est la véritable marque du génie. »

Au premier abord, n'y a-t-il pas lieu de s'étonner du jugement de Vauvenargues ? S'il s'était inspiré de l'opinion commune, n'eût-il pas dit, ce semble, autant qu'il est permis de séparer des dons si intimement unis, « on voudrait penser comme Pascal, écrire comme Fénelon, parler comme Bossuet? » Mais non, Vauvenargues avait le vrai sentiment des choses lorsqu'il a dit : « Écrire comme Bossuet et parler comme Fénelon. » Il était allé au fond même de leur génie. Il importe peu, en réalité, que Fénelon ait beaucoup moins parlé pour le grand public que Bossuet, que Bossuet ait laissé des œuvres oratoires plus sublimes, plus parfaites que celles de Fénelon. On ne conteste pas que l'aigle de Meaux se soit élevé dans ses oraisons funèbres et dans plusieurs de ses grands sermons, aux sommets mêmes de l'éloquence, à ce point que nul peutêtre, dans les siècles, n'atteindra la hauteur de son vol, et, à coup sûr, ne le surpassera; mais ce qu'on veut dire, c'est que dans l'ordinaire de la vie, dans la mission commune d'enseigner et de persuader, de toucher les cœurs par l'onction, de les séduire, de les captiver, de les porter doucement et fortement au bien, Fénelon fût un homme supérieur et presque inimitable, un enchanteur comme l'a dit un de ses contemporains, et qu'à ce point de vue on voudrait parler comme lui. Il faut bien s'entendre : l'art de la parole ne consiste pas nécessairement à s'élever au sublime et à transporter d'admiration d'immenses auditoires en d'exceptionnelles circonstances. C'est le comble de l'éloquence, mais ce n'est pas toute l'éloquence. Il y a un art plus modeste, plus humain, dirais-je, en ce sens qu'il est plus rapproché de l'homme ; un art d'un usage plus commun, plus fréquent qui consiste à impressionner vivement dans toutes les circonstances, à subjuguer les cœurs, à atteindre le vrai but de la parole qui est de persuader et de rendre meilleur. Or, c'est ainsi que parlait Fénelon, et qu'on voudrait parler comme lui. Les occasions lui ont manqué, ou pour dire plus vrai, il les a évitées de paraître dans les grandes chaires de la capitale, dans les moments solennels, pour faire retentir les accents majestueux de la parole sainte, il n'a pas fait d'oraisons funèbres ni de nombreux discours d'apparât. Ceux qui nous restent de lui suffisent à prouver qu'il y aurait pleinement réussi.

D'ailleurs, il n'a pas plus ambitionné la gloire d'écrivain que celle d'orateur. Et ce que M. Villemain dit si bien de ses ouvrages, on peut l'affirmer de ses sermons : « Quoique Fénelon, dit ce critique éminent, ait beaucoup écrit, il ne parut jamais chercher la gloire d'auteur. Tous ses ouvrages furent inspirés *par les devoirs de son état*, par ses malheurs ou ceux de la patrie. La plupart échappèrent, à son insu, de ses mains, et ne furent connus qu'après sa mort… Comme le style, suivant l'expression d'un ancien, est la physionomie de l'âme, tous ses ouvrages, marqués d'une telle empreinte, ont quelque chose de rare et de touchant…. Ce style n'est jamais celui d'un homme qui veut écrire ; c'est celui d'un homme possédé de la vérité, qui l'exprime, comme il la sent, du fond de son âme. »

Il s'est contenté de prêcher dans son diocèse, il a évangélisé jusqu'aux plus pauvres villages, il a mérité en un mot cette appréciation d'un homme de bien et de goût qui l'avait bien des fois entendu, M. de Ramsay : « Rien ne montre mieux, disait-il, le caractère de l'esprit et de la piété de M. de Cambrai que les différentes formes qu'il prenait dans ses instructions publiques, pour s'accommoder à la portée de tous. Il parlait en même temps pour les simples et pour les génies les plus sublimes. Tous ses sermons étaient faits de l'abondance de son cœur. Il ne les écrivait pas, il ne les préméditait presque pas. Comme Moïse, l'ami de Dieu, il allait sur la montagne sainte, et revenait ensuite vers le peuple lui communiquer ce qu'il avait appris dans ses entretiens ineffables. Dans ses discours publics, il ramenait tout à l'amour, mais à cet amour qui produit et qui perfectionne toutes les vertus. Il bannissait toutes les idées subtiles, les raisonnements abstraits, les ornements superflus qui blessent la simplicité évangélique. Ce génie si étendu et si délicat ne songeait qu'à parler en bon père, pour consoler, pour soulager, pour éclairer son troupeau. »

Le grave d'Aguesseau reconnaissait, lui aussi, que Fénelon « l'un de ces hommes rares destinés à faire époque dans leur siècle, et qui honorent autant l'humanité par leurs vertus que les lettres par leurs talents.... régnait autant *par les charmes de son élocution* que par la supériorité de ses talents.... Les grâces coulaient de ses lèvres, et il semblait traiter les plus grands sujets, pour ainsi dire, en se jouant ; les plus petits s'ennoblissaient sous sa plume, et il eût fait naître des fleurs du sein des épines. Une noble singularité répandue sur toute sa personne et je ne sais quoi de sublime dans le simple ajoutaient à son caractère un certain air de prophète... Toujours créateur, n'imitant personne et paraissant lui-même inimitable. »

Fénelon inaugura de bonne heure sa carrière oratoire. A quinze ans, il eut, comme Bossuet, son succès de prédicateur improvisé. Aux Nouvelles-Catholiques, « on accourait à ses catéchismes ; c'est le Père Querbeuf, son premier historien, qui nous l'assure ; *on ne parlait que de son éloquence* simple, noble, persuasive, que des conversions qui en étaient les fruits salutaires. »

Pendant les années de son sacerdoce à Paris, c'est encore le Père Querbeuf qui en témoigne : « On accourait à ses sermons, on les écoutait avec fruit, et l'on en sortait instruit, édifié, et souvent converti. Dans la suite, et même de très-bonne heure, l'habitude de parler de Dieu était devenue si familière à Fénelon qu'il n'écrivait plus ses sermons ; fort peu de préparation lui suffisait pour former en lui-même le plan de son discours et se tracer l'ordre qu'il voulait y suivre ; après quoi il se laissait aller à cette abondance d'idées et de sentiments dont il était rempli ; c'était une source pleine, pure et vive, qui se répandait sur son auditoire ; et son éloquence avait ce beau transport qui touche et remue et qu'on ne trouve pas toujours dans les compositions les plus étudiées. »

Le Père Querbeuf avait dit enfin, avant le cardinal de Beausset qui n'a fait que reproduire son témoignage et ses propres expressions : « On le vit, dit le Père Querbeuf, dans le cours de son épiscopat prêcher régulièrement *tous les Carêmes* dans quelques-unes des églises de sa ville, et, à certains jours plus solennels, dans son église cathédrale, sans que les sermons d'une année revinssent jamais les années suivantes. Le même sujet était traité chaque fois avec le tour nouveau d'un génie fécond qui n'a jamais besoin de se copier. *Il n'y a pas une des paroisses des villes et des campagnes de son diocèse* qu'il n'ait visitée, et dont la visite n'ait été accompagnée d'une instruction pour le peuple. »

Après cela, comment lui refuser le titre d'orateur ? Est-ce que saint Augustin a jamais fait entendre sa grande voix dans les églises de Rome ou même dans les cités importantes de l'Afrique ? Il n'a guère quitté sa petite ville d'Hippone et c'est à ce peuple de pêcheurs et d'artisans, dans sa modeste cathédrale, qu'il a adressé les homélies qui le placent au premier rang parmi les maîtres de la parole.

Fénelon à Cambrai rappelle Augustin à Hippone. Il a eu le même mérite, il peut être associé à la même gloire.

Par tout ce qui précède, nous sommes autorisés à ranger Fénelon parmi les vrais et grands orateurs de notre chaire française. Plus nous avancerons dans cette étude, en rappelant les sources où il a puisé l'éloquence, les préceptes incomparables qu'il a donnés de cet art difficile et bienfaisant, les modèles qu'il nous en a laissés, plus nous ferons resplendir cette vérité qu'il a été non-seulement un orateur, dans toute l'étendue de ce mot, mais encore une des gloires de la tribune chrétienne et l'un des maîtres les plus accomplis de l'éloquence sacrée.

CHAPITRE II.

LES SOURCES DE L'ÉLOQUENCE DE FÉNELON.

§ Ier. — SA SCIENCE.

Fénelon a puisé son éloquence à ces trois sources maîtresses, qui ont alimenté le génie de tous les grands orateurs de la chaire : la science, la piété et le cœur. Nous trouverons dans l'étude de ces trois qualités qui ont brillé au plus haut point chez cet homme apostolique, le secret de la formation et de l'épanouissement de son génie oratoire.

Nous n'avons pas à établir ici la nécessité de la science pour l'orateur sacré. C'est une vérité qui s'impose avec la clarté irrésistible de l'évidence. Et comme cette science, par la force même des choses, comprend un double objet, la science profane et la science sacrée, nous avons à rechercher dans quelle mesure Fénelon en poursuivit pour lui-même et en recommanda aux autres l'acquisition.

Il a tracé le vaste programme de ses études dans ses *Dialogues sur l'Eloquence*, dans sa Lettre sur les occupations de l'Académie française, et dans plusieurs de ses œuvres bien connues des érudits.

Pour ce qui est de la science profane, il la posséda au même degré qu'il la recommande aux orateurs vraiment dignes de leur mission. Dans son premier dialogue sur l'Eloquence, il détermine, d'après le *Gorgias* de Platon, qui lui fournit tant d'emprunts, et d'après Cicéron, les connaissances que doit acquérir l'orateur et qu'il s'était appliqué lui-même, ses œuvres le prouvent surabondamment, à posséder : « Platon, nous dit-il, dans son dialogue où il fait parler Socrate avec Phèdre, montre que le grand défaut des rhéteurs est de chercher l'art de persuader avant que d'avoir appris, par les principes de la philosophie, quelles sont les choses qu'il faut tâcher de persuader aux hommes.. .. Aussi Platon montre par-là qu'il n'appartient qu'au philosophe d'être véritable orateur..... Cicéron a presque dit les même choses. Il semble d'abord vouloir que l'orateur n'ignore rien, parce que l'orateur peut avoir besoin de parler de tout, et qu'on ne parle jamais bien, dit-il après Socrate, que de ce qu'on sait bien. Ensuite il se réduit, à cause des besoins pressants et de la brièveté de la vie aux connaissances les plus nécessaires..... Il demande, comme Platon, que l'orateur soit bon dialecticien ; qu'il sache définir, prouver, démêler les plus subtils sophismes. Il dit que c'est détruire la rhétorique de la séparer de la philosophie ; que c'est faire des orateurs, des déclamateurs puérils sans jugement. Non-seulement il veut une connaissance exacte de tous les principes de la morale, mais encore une étude particulière de l'antiquité. Il recommande la lecture des anciens Grecs ; il veut qu'on étudie les historiens non-seulement pour leur style, mais encore pour les faits de l'histoire ; surtout il exige l'étude des poëtes, à cause du grand rapport qu'il y a entre les figures de la poésie et celles de l'éloquence. En un mot, il répète souvent que l'orateur doit se remplir l'esprit de choses avant que de parler. Je crois, ajoute Fénelon, que je me souviendrai de ses propres termes, tant je les ai relus, et tant ils m'ont fait d'impression ; vous serez surpris de tout ce qu'il demande. L'orateur, dit-il, doit avoir la subtilité des dialecticiens, la science des philosophes, la diction presque des poëtes, la voix et les gestes des plus grands acteurs. Voyez quelle préparation il faut pour tout cela. »

Or, telle fut celle de Fénelon.

Il s'est adonné à l'étude de la philosophie avec une telle ardeur, et il y a excellé de si bonne heure qu'il a pu écrire dans sa jeunesse son *Traité sur l'Existence de Dieu*, un des chefs-d'œuvre de la pensée humaine, autant que de la littérature française, traduit dans toutes les langues de l'Europe, salué dès son apparition par les éloges enthousiastes de Leibnitz et que l'un des plus savants rédacteurs des *Mémoires de Trévoux* qualifiait « le meilleur ouvrage que nous ayons en ce genre. »

Ses *Lettres sur la religion, sa Réfutation du système de Malebranche sur le nature et la grâce* ont élevé Fénelon au rang des plus célèbres et des plus solides métaphysiciens. Il faudrait n'avoir aucune connaissance de la philosophie pour ignorer l'importance et le mérite des travaux de l'immortel archevêque de Cambrai sur cette science fondamentale. Ses études littéraires ne furent pas moins remarquables. Celui qui a dit « l'antiquité m'enchante » possédait une connaissance approfondie des lettres grecques et romaines, et l'auteur de *Télémaque* s'était rendus familiers la langue et le génie de la belle antiquité.

Son culte pour les anciens n'allait point jusqu'au fanatisme. Bien qu'il eût vécu dans leur commerce et qu'il estimât infiniment leurs ouvrages, il savait se tenir dans son admiration, comme en tout, dans une juste mesure. « Je commence par souhaiter, disait-il dans sa célèbre lettre sur les occupations de l'Académie, que les modernes surpassent les anciens. Je serais charmé de voir, dans notre siècle et dans notre nation, des orateurs plus véhéments que Démosthénes et des poëtes plus sublimes qu'Homère. Le monde, loin d'y perdre, y gagnerait beaucoup. Les anciens ne seraient pas moins excellents qu'ils l'ont toujours été et les modernes donneraient un nouvel ornement au génie humain. Il resterait toujours aux anciens la gloire d'avoir commencé, d'avoir montré le chemin aux autres, et de leur avoir donné de quoi enchérir sur eux.... J'avoue que l'émulation des modernes serait dangereuse si elle se tournait à mépriser les anciens et à négliger de les étudier. Le vrai moyen de les vaincre est de profiter de tout ce qu'ils ont d'exquis, et de tâcher de suivre encore plus qu'eux leurs idées sur l'imitation de la belle nature. Je crierais volontiers à tous les auteurs de notre temps que j'estime et que j'honore le plus :

> « Vos, exemplaria græca
> Nocturnâ versate manu, versate diurnâ. »

Il avait mis ce conseil en pratique, il connaissait si à fond l'antiquité qu'il avait le droit de parler de ses défauts. Il ne les dissimulait pas. « Quand on ne lit point les anciens avec une avidité de savant, ni par le besoin de s'instruire de certains faits, on se borne par goût à un petit nombre de livres grecs et latins. Il y en a fort peu d'excellents, quoique ces deux nations aient cultivé si longtemps les lettres. » Il ne fait aucune difficulté de reconnaître les côtés faibles des meilleurs écrivains de l'antiquité, mais il veut aussi considérer ce qui est à leur avantage.

« Outre, dit-il, qu'ils nous ont donné tout ce que nous avons de meilleur, de plus il faut les estimer jusque dans les endroits qui ne sont pas exempts de défauts. »

On imagine sans peine le petit nombre des livres grecs et latins qui firent les délices dc Fénelon. Au premier rang Platon, dont il avoue lui-même qu'il avait retenu de mémoire de nombreux passages ; Homère, dont il ne parle qu'avec une sorte de piété filiale et dont il sentait vivement les moindres beautés. On sait qu'il a fait une analyse remarquable de l'*Odyssée* et qu'il a traduit avec un bonheur infini cinq livres (de 5 à 10) de ce poëme. Les tragiques : Sophocle, Eschyle, Euripide n'avaient pas de secrets pour lui. Démosthènes lui inspirait la plus profonde sympathie. Il disait : « Je ne crains pas de dire que Démosthènes me paraît supérieur à Cicéron. Je proteste que personne n'admire Cicéron plus que je fais ; il embellit tout ce qu'il touche, il fait honneur à la parole, il fait des mots ce qu'un autre n'en saurait faire ; il a je ne sais combien de sortes d'esprits ; il est même court et véhément toutes les fois qu'il veut l'être, contre Catilina, contre Verrès, contre Antoine. Mais on remarque quelque parure dans son discours ; tout y est merveilleux, mais on l'entrevoit ; l'orateur en pensant au salut de la république ne s'oublie pas et ne se laisse pas oublier. Démosthènes paraît sortir de soi, et ne voit que la patrie. Il ne cherche point le beau, il le fait sans y penser ; *il est au-dessus de l'admiration*.... Je suis charmé de ces deux orateurs ; mais j'avoue que je suis moins touché de l'art infini et de la magnifique éloquence de Cicéron que de la rapide simplicité de Démosthènes. » Les philosophes grecs avaient été de sa part l'objet d'études si attentives qu'il a pu en écrire la vie.

Les latins, cela va de soi, lui étaient tous présents à l'esprit. Il cite sans cesse Cicéron et parle des autres comme un homme qui en a la lecture quotidienne.

Fénelon avait un goût particulier pour les poëtes. Nul n'a mieux parlé d'Homère, nous l'avons dit déjà. « On croit être, dit-il, dans les lieux qu'Homère dépeint, y voir et y entendre les hommes. » Virgile lui a inspiré des réflexions si judicieuses et parfois des accents si tendres, que les meilleurs critiques aiment à s'autoriser de ses commentaires sur les passages les plus charmants. Avec quelle émotion il sait faire ressortir ses délicates et poétiques images, son amour de la belle nature, ses graves et fortes conceptions. Comme il aime à l'appeler « le Grand et Sage Virgile » et à louer son *Enéïde* « qui a instruit et charmé tous les siècles. » Horace, Plaute, Térence, s'ils lui étaient moins sympathiques ne lui étaient pas moins connus.

Fénelon avait beaucoup étudié l'histoire. Il la reconnaissait comme « très-importante. »

« C'est elle, dit-il, qui nous montre les grands exemples, qui fait servir les vies mêmes des méchants à l'instruction des bons, qui débrouille les origines et qui explique par quel chemin les peuples ont passé d'une forme de gouvernement à une autre. » Il avait au sujet de l'histoire des idées très-justes qui, pour avoir été méconnues par un grand nombre d'écrivains, ont donné lieu à tant de préjugés, à tant de fausses appréciations, disons le mot, à tant d'erreurs historiques dont nous sommes infestés. « Le point le plus nécessaire et le plus rare pour un historien, disait Fénelon, est qu'il sache exactement la forme du gouvernement et le *détail des mœurs* de la nation dont il écrit l'histoire pour chaque siècle. » Il voulait qu'on connût bien « les origines, » « l'état des mœurs, » « les changements » opérés par le temps, et que pour décrire et juger un siècle on se mît dans le vrai milieu, dans le caractère et la manière d'être de ce siècle. Il devançait de ses vœux l'école moderne qui a fait faire à la science historique, par son respect et sa recherche des sources, de la couleur locale, par la connaissance exacte des institutions et des mœurs, de si notables progrès.

Fénelon caractérise en peu de mots les historiens de l'antiquité, mais ce peu de mots suffit à prouver qu'il les possédait à fond. Hérodote, Xénophon, Polybe, Thucydide, Tite-Live, Salluste, Tacite sont tour-à-tour l'objet de sa critique élevée, bienveillante et judicieuse.

On ne voit pas ce que ce vaste esprit a ignoré de l'antiquité profane. Il en a été si imbu, si épris qu'on a pu lui reprocher avec quelque raison d'avoir trop sa-

crifié aux grâces païennes. Il est évident que son goût
passionné pour la belle antiquité lui a fait méconnaître
l'art sublime et si profondément chrétien du Moyen-
Age. C'est la seule tache à sa pure et douce mémoire.
Elle doit être signalée. Dans un passage bien connu de
ses *Dialogues sur l'Eloquence* il fait entre « l'archi-
tecture de nos vieilles églises qu'on nomme gothiques »
et l'éloquence de mauvais goût un parallèle inexact et
injuste. Faut-il prendre ce passage que nous vou-
drions pouvoir effacer de ses œuvres trop à la lettre,
et conclure, comme on le fait ordinairement que Fénelon ne voyait dans nos splendides cathédrales qu'un
amas « de colifichets, » « roses, points, petits ornements coupés et sans dessein suivi ? » Je ne le crois
pas. Tout en regrettant ce passage, il y aurait lieu à
l'expliquer et à restreindre sa portée. Mais cette dissertation serait ici déplacée. Contentons-nous, dans
cette revue sommaire des études de Fénelon, d'ajouter
qu'il avait un vif sentiment de l'art. Il aimait la peinture, il la recommande même aux femmes dans son
Traité de l'éducation des filles. Il fait un éloge entendu de la peinture antique dans son 52ᵉ Dialogue
des Morts, et il met dans la bouche de Poussin des réflexions délicates et charmantes sur cet art dont il
connaissait les lois et les modèles. Il se plaît à parler,
en divers endroits de ses ouvrages, de Raphaël et de
son célèbre tableau de la Transfiguration, du Titien,
de Léonard de Vinci. A Cambrai, si près de la Bel-

gique, il avait vu maintes fois ses Teniers « des festins de village et ses danses rustiques. » Il était trop
de son siècle pour ne pas rendre hommage à l'art français si dignement représenté alors par toute une pha-
lange de peintres, de graveurs et de sculpteurs d'un
mérite éminent. De temps à autre il en fait mention.
« Blâmer Homère, dit-il, d'avoir peint fidèlement
d'après nature, c'est reprocher à M. Mignard, à M. de
Troy, à M. Rigaud d'avoir fait des portraits ressem-
blants. » Il appelle Poussin, « le sage et savant Poussin. » Il loue Claude le Lorrain, le plus grand paysa-
giste dont la France puisse s'honorer, il n'est pas
aveugle sur les défauts de Mignard, en un mot, il a
sur l'art de la peinture des notions justes et réfléchies
qui sont à remarquer.

Il devait, avec sa belle et riche nature, comprendre
et aimer la musique, ce langage supérieur de l'âme.
Ce n'est pas sans raison qu'il met dans la bouche du
principal interlocuteur, dans ses dialogues, ces paroles significatives : « Je savais bien *que la musique
à laquelle vous êtes fort sensible*, me servirait à vous
faire entendre ce qui regarde l'éloquence. » Il reconnaît que la belle musique « agit fortement sur l'âme »
et la distingue de la mauvaise ; il blâme justement « *les
fredons*, » c'est-à-dire ces ornements exagérés, capricieux et quelquefois insensés qui défiguraient depuis
le XVIᵉ siècle en Italie et en France la gravité et la
simplicité de la musique religieuse.

Ceux qui sont versés dans l'histoire de la musique religieuse savent qu'à cette époque une école de mauvais goût avait entrepris de surcharger le chant d'une foule de « concetti » et d'effets imitatifs, quelquefois burlesques, qui noyaient la phrase musicale dans un déluge de notes et de variations tourmentées. Fénelon voulait débarrasser de ces « fredons » la majesté du chant, et il était d'accord en cela avec tous les hommes de goût. Mais il reconnait hautement l'importance et la sublimité de cet art par excellence. « La poésie et la musique, dit-il, si on en retranchait tout ce qui ne tend pas au vrai but, pourraient être employées très-utilement à exciter dans l'âme des sentiments vifs et sublimes pour la vertu. Combien avons-nous d'ouvrages poétiques de l'Ecriture que les Hébreux chantaient, selon les apparences ! Les cantiques ont été les premiers monuments qui ont conservé plus distinctement, avant l'écriture, la tradition des choses divines parmi les hommes. Nous avons vu combien la musique a été puissante parmi les peuples païens pour élever l'âme au-dessus des sentiments vulgaires. L'Eglise a cru ne pouvoir consoler mieux ses enfants, que par le chant des louanges de Dieu. *On ne peut donc abandonner ces arts, que l'Eglise de Dieu même a consacrés.* »

Ainsi rien n'a manqué à la formation de cet esprit d'élite. Fénelon possédait toutes les connaissances qui peuvent orner et féconder l'intelligence. Il avait de la

science profane tout ce qu'un travail assidu, une lecture immense, joints aux dons les plus brillants et les
plus exquis du talent, peuvent donner. J'ose dire qu'il
possédait à un degré aussi éminent la science sacrée,
la plus enviable à tous égards, et la plus nécessaire à
l'orateur chrétien. La science fondamentale pour le
prédicateur c'est, au témoignage unanime des Pères
et des grands orateurs, la science de l'Ecriture
sainte. On ne saurait citer tous les passages de leurs
œuvres où ils professent cette vérité. Saint Augustin
résume leur pensée en disant que le succès de la prédication est en rapport avec la connaissance qu'on a
de l'Ecriture. « Sapienter autem dicit homo tanto magis
vel minus quanto in scripturis sanctis magis minusve
profecit. » Cela est évident. C'est de Dieu que le prêtre
doit apprendre ce qu'il est chargé d'enseigner aux
autres. « Audiens ergo ex ore meo sermonem annun-
tiabis ex me, » disait Ezéchiel. Le prêtre en chaire est
l'ambassadeur de Dieu aux hommes, et c'est Dieu qui
les exhorte par sa voix. « Pro Christo legatione fungi-
mur.... tanquam Deo exhortante per nos. »

Fénelon pensait à ce sujet absolument comme les
Pères. Il avait le culte et la science de l'Ecriture autant qu'homme du monde. Dès sa jeunesse, il s'y était
livré avec ardeur. Il avait été admis dans cette société
d'hommes d'élite qui entouraient Bossuet à Saint-
Germain où se trouvait la cour, et qui s'étant donné
pour mission d'étudier ensemble, dans des conférences

périodiques, l'Ecriture sainte et la Théologie, avaient reçu du public le nom de Petit Concile. On connaît les travaux de ce *petit concile*, pour parler comme les contemporains ; on sait avec quels soins, quelle érudition, quel succès on y approfondissait toutes les questions d'éxégèse, d'interprétation, d'explication de l'Ecriture. Les derniers ouvrages écrits sur Bossuet ont mis en lumière les travaux importants qui sortirent de cette réunion d'hommes si remarquables. Lui-même a écrit en 1691, dans sa Dissertation sur les Psaumes, en parlant de ces conférences dont le souvenir lui était demeuré toujours cher : « Retenus tous alors à la Cour par des emplois divers, unis par la plus cordiale amitié, par la plus rare uniformité de goûts et de sentiments, un attrait vif également en chacun de nous, pour les Saintes Ecritures, devait de jour en jour resserrer plus encore des liens si doux. Nous trouvâmes, *dans cette étude en commun des Livres sacrés, objet de nos intimes entretiens de chaque jour,* une consolation sensible, un intérêt, un charme inexprimables ; mais combien aussi nous lui dûmes de lumières ! »

Les progrès que Bossuet fit faire à Fénelon dans l'étude de la Sainte Ecriture, l'influence qu'il eût sur la direction de ses travaux ecclésiastiques ne sont niés par personne.

Le cardinal de Beausset qui a écrit avec un égal succès la vie de ces deux grands évêques est dans la juste mesure de la vérité lorsqu'il dit : « Fénelon trouvait toujours dans ses entretiens avec Bossuet... de nouveaux avantages pour sa propre instruction... Il lui faisait sentir que c'était surtout dans les Livres sacrés et dans leur interprétation consacrée par la tradition qu'il devait chercher les principes et les preuves de tout le corps de la tradition.

« C'est certainement à l'école de Bossuet que Fénelon, *déjà familiarisé avec la science des Saintes Ecritures* par les instructions publiques qu'il avait données pendant son séjour à la communauté de Saint-Sulpice, contracta cette heureuse facilité de disposer naturellement et sans effort des pensées et des expressions des écrivains sacrés pour en composer son style. Cette langue inspirée lui devint si naturelle, qu'on en retrouve sans cesse l'application dans tous ses écrits, et même dans ses lettres les plus indifférentes. »

Fénelon jouit pendant dix ans, les dix premières années de son sacerdoce, des lumières et des conseils des esprits éminents qui composaient le Petit Concile. Pendant dix ans, il se prépara par une étude approfondie de nos Saintes Lettres, dans la solitude et le recueillement, au ministère de la parole sainte. Non-seulement il profita pour lui-même de cette longue et laborieuse initiation, mais encore il apportait à la réunion le concours dignement apprécié de sa science de l'Ecriture. Le fait suivant prouve que malgré sa jeunesse, il était consulté par ces savants hommes, et écouté par Bossuet lui-même.

Bossuet avait l'habitude de donner au Petit Concile la primeur de ses ouvrages. Il lui avait soumis l'explication de l'Apocalypse. Fénelon et son ami l'abbé de Laugeron, rapporteurs de l'ouvrage, en louèrent les lumineux commentaires, au point de dire qu'après avoir examiné, le texte sous les yeux, les interprétations de Bossuet, ils mettraient la main au feu que saint Jean n'a pu avoir d'autre pensée. Toutefois Fénelon se sépara du maître sur le sens d'un verset du chapitre 9ᵉ, où saint Jean parle d'une étoile tombée. Selon Bossuet, cette étoile signifiait un docteur tombé dans l'erreur, et mettant hardiment le nom propre, ce docteur n'était autre selon lui, que Paul de Samosate. Fénelon soutenait que Bossuet s'était mépris sur la personne. Paul de Samosate n'était, selon lui, qu'un hérétique secondaire qui sans avoir introduit d'erreur nouvelle, se bornait à reproduire les impiétés de Cérinthe. Bossuet se rendit aux raisons que Fénelon développa dans un mémoire spécial. — Un mémoire pour une question si secondaire, cela nous prouve comme on travaillait sérieusement au Petit Concile. Bossuet changea donc le nom, et adopta, d'après l'avis de Fénelon, l'apostat Théodote de Bysance, étoile tombée dont la chute scandaleuse avait été si funeste à la fin du second siècle. Il fit même plus tard une dissertation latine : « de excidio Babylonis, » où il établit son opinion que les interprètes ont admise depuis. Evidemment la rencontre et l'amitié de Bossuet furent un bienfait pour Fénelon. Epris des charmes de la belle antiquité, il ne s'était pas jusque-là appliqué, autant qu'il l'eût pu, c'est lui qui nous l'avoue, à l'étude de l'Ecriture sainte. Bossuet tout plein de cette étude qui remplissait ses jours et ses nuits, fit passer ses convictions ardentes, son enthousiasme et sa science dans l'âme de son jeune ami, et celui-ci devint à son tour un admirateur passionné de la Bible où il puisa tant de belles et fortes pensées, et dont il fit, lui aussi, la source maîtresse de son éloquence.

Dieu me garde de toute exagération. Je ne fais pas à Bossuet l'honneur du génie de Fénelon. Doué supérieurement, Fénelon eût brillé, dans toutes les situations, d'un éclat extraordinaire, mais il doit à Bossuet d'avoir compris et goûté l'Ecriture, de lui avoir donné du moins les préférences de son esprit, à un âge où l'on se porte peu d'ordinaire vers ces profondes études. Aussi lui en garda-t-il toute sa vie une pieuse reconnaissance. Même en pleine controverse sur le quiétisme, Fénelon écrit à l'évêque de Meaux : « Je vous supplie de croire, Monseigneur, que je n'ai besoin de rien pour vous respecter avec un *attachement inviolable*. Je serai toujours plein de sincérité pour vous rendre compte de mes pensées, et plein de déférence pour les soumettre aux vôtres. Le lien de la foi nous tient pour la doctrine ; et pour le cœur, je n'y ai que respect, zèle et tendresse pour vous. » Au moment où la lutte devint pénible, Fénelon écrivait encore : « Ce qui est

très-certain, Monseigneur, c'est que j'irais au-devant
de tout ce qui peut vous plaire et vous témoigner mon
extrême déférence, si j'étais libre de servir mon cœur
en cette occasion. J'espère que vous serez persuadé
des raisons qui m'arrêtent quand M. le duc de Chevreuse vous les aura expliquées. Comme vous n'avez
rien désiré que par bonté pour moi, je crois que vous
voudrez bien entrer dans des raisons qui me touchent
d'une manière capitale ; elles ne diminuent en rien *la
reconnaissance*, le respect, la déférence, le zèle avec
lesquels je vous suis dévoué. »

Ainsi Fénelon fut toujours reconnaissant à Bossuet
de ses conseils, de son action, de la direction qu'il
avait imprimée à ses études théologiques, et le souvenir des doctes entretiens du Petit Concile revenait évi-
demment à son esprit lorsque, malgré les ardeurs de
la controverse du quiétisme, il aimait à assurer le grand
évêque de Meaux de sa déférence, de son respect et
de sa gratitude. Il serait superflu, je crois, de prouver que Fénelon a conservé toute sa vie le culte de
l'Ecriture sainte. Il n'en parle qu'avec la plus religieuse admiration dans tous ses écrits. Il veut que les
prédicateurs « soient savants dans l'Ecriture » et il
leur répète sous les formes les plus diverses ce conseil. Au point de vue même de l'éloquence, il exalte
l'Ecriture au-dessus de toutes les œuvres connues ; il
aime à le proclamer, « elle surpasse tous les anciens,

elle les surpasse infiniment en naïveté, en vivacité, en grandeur. »

« Jamais, dit-il, Homère même n'a approché de la sublimité de Moïse dans ses cantiques. Jamais nulle ode grecque ou latine n'a pu atteindre à la hauteur des Psaumes. » Citons toute cette page, elle en vaut la peine : « Jamais Homère, ni aucun autre poëte, n'a égalé Isaïe peignant la majesté de Dieu aux yeux duquel les royaumes ne sont qu'un grain de poussière, l'univers qu'une tente qu'on dresse aujourd'hui et qu'on enlèvera demain ; tantôt ce prophète a toute la douceur et toute la tendresse d'une églogue dans les riantes peintures qu'il fait de la paix , tantôt il s'élève jusqu'à laisser tout au-dessous de lui. Mais qu'y a-t-il dans l'antiquité profane de comparable au tendre Jérémie déplorant les maux de son peuple, ou à Nahum voyant de loin en esprit tomber la superbe Ninive sous les efforts d'une armée innombrable ? On croit voir cette armée, on croit entendre le bruit des armes et des charriots ; tout est dépeint d'une manière vive qui saisit l'imagination ; il laisse Homère loin derrière lui. Lisez encore Daniel dénonçant à Balthazar la vengeance de Dieu toute prête à fondre sur lui et cherchez, dans les plus sublimes originaux de l'antiquité, quelque chose qu'on puisse comparer à ces endroits-là. Au reste, tout se soutient dans l'Ecriture, tout y garde le caractère qu'il doit avoir, l'histoire, le détail des lois, les descriptions, les endroits véhéments, les mystères, les discours de morale. Enfin il y a autant de différence entre les poëtes profanes et les prophètes, qu'il y en a entre le véritable enthousiasme et le faux. Les uns, véritablement inspirés, expriment sensiblement quelque chose de divin ; les autres, s'efforçant de s'élever au-dessus d'eux-mêmes, laissent toujours voir en eux la faiblesse humaine....» « Mais j'aurais beau vouloir vous parler de ces choses, il faut les lire pour les sentir. » Quand il parle de l'Evangile, on sent que son admiration est sans bornes. Dans l'Evangile tout le ravit, le confond, l'enflamme. Comme il a bien caractérisé l'autorité de cette parole divine ! « Jésus-Christ maître de sa doctrine la distribue tranquillement ; il dit ce qu'il lui plaît, et il le dit sans aucun effort ; il parle du royaume et de la gloire céleste comme de la maison de son Père. Toutes ces grandeurs qui nous étonnent lui sont naturelles ; il y est né et il ne dit que ce qu'il voit, comme il nous l'assure lui-même. » On pourrait citer dans ses œuvres bien des passages plus expressifs encore.

Aussi, il avait en telle estime l'Ecriture, qu'il blâmait ceux qui ne la font connaître que par des passages détachés. « Ces passages, tous beaux qu'ils sont, disait-il, ne peuvent seuls faire sentir toute cette beauté, quand on n'en connaît pas la suite ; car tout est suivi dans l'Ecriture, et cette suite est ce qu'il y a de plus grand et de plus merveilleux... » « Je voudrais que les prédicateurs ne se contentassent pas de coudre ensemble des passages rapportés, je voudrais qu'ils expliquassent les principes et l'enchaînement de la doctrine de l'Ecriture, je voudrais qu'ils en prissent l'esprit, le style et les figures ; que tous leurs discours servissent à en donner l'intelligence et le goût. *Il n'en faudrait pas davantage pour être éloquent ; car ce serait imiter le plus parfait modèle de l'éloquence.* » On ne peut rien désirer de plus clair ni de plus formel.

Tel était le désir qu'il avait de voir l'étude de l'Ecriture répandue et goûtée, qu'il la conseille même aux laïques bien intentionnés. Dans sa lettre à l'évêque d'Arras sur la lecture de l'Ecriture Sainte en langue vulgaire, après avoir reconnu que les laïques lisaient les Saintes Ecritures dans les premiers siècles de l'Eglise, il ajoute : « qu'il est plus clair que le jour que tout le peuple (chrétien) avait dans sa langue naturelle la Bible et la Liturgie ; qu'on faisait lire la Bible aux enfants pour les bien élever; que les saints pasteurs leur expliquaient de suite dans leurs sermons des livres entiers de l'Ecriture ; que ce texte était très-familier aux peuples ; qu'on les exhortait à les lire continuellement, qu'on les blâmait d'en négliger la lecture, enfin qu'on regardait cette négligence comme la source des hérésies et du relâchement des mœurs. » S'il apporte des réserves à la lecture de l'Ecriture en langue vulgaire, c'est uniquement envers ceux qui, « présomptueux, critiques, indociles, cherchent dans l'Ecriture à se scandaliser contre elle, pour se jeter dans l'irréligion, en tournant l'Ecriture contre les pasteurs, pour secouer le joug de l'Eglise, » feraient servir cette lecture à leur perte. Quant aux autres, son avis est catégorique. C'est celui de l'Eglise, qui est « de donner le texte sacré à tous ceux d'entre ses enfants qu'elle trouve bien préparés à le lire avec fruit. »

Il demande, dans son *Traité de l'Education des filles*, qu'on leur fasse connaître la Bible, ses touchantes histoires, ses enseignements, le but de la religion. « Il faudrait, dit-il, les préparer de bonne heure à lire la parole de Dieu comme on les prépare à recevoir par la communion la chair de Jésus-Christ. » Et il pose comme fondement de l'éducation des laïques, comme de la science sacerdotale, la connaissance de nos Saintes Lettres. Il disait que la Bible, « le livre qui porte toutes les marques de la divinité, puisque c'est lui qui nous a appris à connaître et à aimer souverainement le vrai Dieu .. qu'un tel livre doit être lu, comme s'il était descendu du ciel sur la terre. »

Cette étude capitale qu'il voulait pour les autres, il en avait fait l'occupation et l'aliment de sa vie, et jusqu'au dernier moment, comme Bossuet, il y puisa la lumière de son esprit et la consolation de son cœur. Dans sa dernière maladie, « pendant six jours entiers, nous dit son aumônier, il ne voulut être entretenu que de la lecture de l'Ecriture sainte ; pendant les premiers jours, on ne déférait que par intervalles à ses instances. On craignait que l'application qu'il portait à cette lecture n'empêchât l'effet des remèdes et n'aigrit son mal; on ne lui lut d'abord que le livre de Tobie et peu à la fois ; on y ajoutait, suivant les occasions, quelques textes sur la fragilité des biens qui passent et sur l'espérance de ceux qui durent à jamais. Nous lui récitions souvent, et il paraissait charmé d'entendre les derniers versets du chapitre ive et les neuf premiers du chapitre v de la seconde épitre de saint Paul aux Corinthiens. « Répétez encore cet endroit, me dit-il en deux occasions....» les deux derniers jours et les deux dernières nuits de sa maladie, il nous demanda avec instance de lui réciter les textes de l'Ecriture les plus convenables à l'état où il se trouvait. « Répétez, répétez-moi, disait-il de temps en temps, ces divines paroles ; » il les achevait avec nous, autant que ses forces le lui permettaient. On voyait dans ses yeux et sur son visage, qu'il entrait avec ferveur dans de vifs sentiments de foi, d'espérance, d'amour, de résignation, d'union à Dieu, de conformité à Jésus-Christ, que ces textes exprimaient. » Et ainsi jusqu'au dernier soupir. L'on peut dire que ses lèvres se fermèrent en murmurant les divines paroles qui avaient fait la méditation constante et le fonds le plus solide de cette intelligence d'élite.

Fénelon n'avait pas moins étudié les Pères, cette autre source maîtresse de la doctrine et de l'éloquence sacrée. «Ce sont nos maîtres, disait-il.» « C'étaient des esprits très-élevés, de grandes âmes pleines de sentiments héroïques, des gens qui avaient une expérience merveilleuse des esprits et des mœurs des hommes, qui avaient acquis une grande autorité et une grande facilité de parler. » Ailleurs, « c'étaient de grands hommes, des hommes non-seulement fort saints, mais très-éclairés sur le fond de la religion et sur la manière de persuader les hommes, qui s'étaient appliqués à régler toutes les circonstances ; il y a une sagesse merveilleuse cachée sous cet air de simplicité. *Il ne faut pas s'imaginer qu'on ait pu dans la suite trouver rien de meilleur.* »

Les réflexions qu'il fait sur les ouvrages de Tertullien, de saint Cyprien, de saint Augustin, de saint Ambroise, de saint Léon, de saint Grégoire pape, de saint Jean-Chrysostôme, de saint Grégoire de Naziance, de saint Basile prouvent qu'il les avait non-seulement lus, mais annotés et analysés avec une application soutenue. Il suffit d'ailleurs d'avoir feuilleté les œuvres diverses de Fénelon pour savoir qu'il avait dépouillé tous les Pères de l'Eglise qu'il cite constamment et presque à chaque page de ses écrits religieux. Ce point n'est contesté par personne, et il serait inutile de s'y arrêter. Le Père pour lequel il paraît avoir eu une prédilection marquée est saint Augustin dont il rappelle sans cesse les paroles et l'autorité. Il y a entre ces deux génies des analogies frappantes. Ils étaient doués de la même tendresse, profonde et vive, ils avaient sur un grand nombre de questions les mêmes sentiments ; ils professaient en particulier sur l'éloquence les mêmes doctrines, et sauf sur quelques points tout-à-fait secondaires, on peut assurer que la rhétorique de Fénelon est celle de saint Augustin. Nous n'avons pas à établir ici de parallèle entre l'évêque d'Hippone et l'archevêque de Cambrai, nous nous bornons à constater un fait reconnu par tous les écrivains autorisés que Fénelon comme Bossuet a largement puisé dans les écrits de ce Père et qu'il en rappelle dans sa personne et dans ses œuvres le cœur et le génie.

Ainsi se forma l'esprit de Fénelon. Ce fut dans ces graves et sérieuses études, si diverses, si étendues, si prolongées qu'il puisa l'érudition profane, la science ecclésiastique, qui devaient briller dans tous ses écrits ; qu'il développa son goût et ses talents naturels, et se prépara dignement au ministère de l'enseignement auquel il consacra sa vie.

§ II. — SA PIÉTÉ.

Fénelon a dit : « Le ministère de la parole est tout fondé sur la foi. Il faut prier, il faut purifier son cœur, il faut tout attendre du ciel. » Comme tous les maîtres de la doctrine, il a fait de la piété une des conditions essentielles de l'éloquence sacrée.

C'est avec raison que l'antiquité avait défini l'orateur : « Vir bonus dicendi peritus, » et que Cicéron regardait la vertu comme indispensable à l'orateur : « Eadem videtur et recte faciendi et bene dicendi magistra. » La réputation de l'orateur sert beaucoup à la persuasion, et les esprits sont facilement disposés à croire un homme qui n'aime que le bien et leur paraît incapable d'abuser de son talent en faisant passer le faux pour le vrai. La vertu est une autorité vivante, présente en quelque sorte à toutes nos paroles, et qui confirme efficacement quoique tacitement notre langage. Que si ces considérations sont vraies pour toutes sortes d'orateurs, combien elles deviennent évidentes pour les ministres de l'Evangile ! Dans les discours politiques ou autres, ce n'est que par accident que l'auditeur pense à la vertu de l'orateur, au lieu que dans nos prédications, c'est la vertu même qui en est la matière, et, comme on l'a observé, nous gagnons absolument notre cause lorsque nous parvenons à la persuader.

La piété est la première qualité du prédicateur. « La vie exemplaire du prédicateur, a dit saint Augustin, a incomparablement plus de force pour persuader que la plus belle éloquence. » « Habet, ut obedienter audiatur, quantâcumque gravitate dictionis majus pondus vita loquentis. » C'est l'écho de cette grande parole de saint Paul qui recommandait à Timothée de faire respecter son ministère en se montrant l'exemple des fidèles dans ses discours et dans ses œuvres de charité, par sa foi et sa chasteté. « Exemplum esto fidelium in verbo, in conversatione et charitate, in fide et castitate. »

C'est de la piété que vient l'onction, et c'est l'onction qui finalement convertit. Elle coule comme naturellement d'un cœur plein de l'amour de Dieu; tandis que d'un cœur froid et languissant, il ne sort que des paroles mortes, privées de vie et de fécondité. Si le prédicateur est rempli de foi et de ferveur, il aura le don de les communiquer. S'il en est dépourvu, il parlera sans fruit ; sa voix n'aura pas d'écho dans les cœurs. La Bruyère a bien exprimé cette distinction : « Un clerc mondain ou irreligieux, s'il monte en chaire, est déclamateur. »

« Il y a au contraire des hommes saints et dont le seul caractère est efficace pour la persuasion ; ils pa—

raissent et tout un peuple qui doit les écouter est déjà ému et comme persuadé par leur présence ; le discours qu'ils vont prononcer fera le reste. »

Chose remarquable ! les gens du monde qui acceptent si volontiers l'enseignement que leur donnent une foule d'écrivains et d'auteurs qui s'improvisent philosophes, économistes, réformateurs, deviennent très-exigeants dès qu'il s'agit de prédication. Ils jugent sévèrement ceux qui viennent leur parler de Dieu, de leur âme et de l'Eternité. Ils leur demandent une vie en harmonie avec leur ministère, une piété conforme à leur mission et rendent par là involontairement hommage à la sainteté et à la grandeur de la mission évangélique. Aussi n'est-on pas surpris d'entendre les maîtres en éloquence sacrée répéter, comme le Père Le Jeune aux jeunes clercs : « Le premier avis que je vous donne pour bien prêcher, c'est de bien prier. » En considérant la piété de Fénelon comme une source de son éloquence, nous ne faisons que nous conformer à la doctrine des maîtres.

Est-il vraiment besoin de prouver que Fénelon, ce modèle des plus belles vertus sacerdotales, fut doué d'une piété tendre et vive? S'il est une qualité que tous, amis et ennemis lui reconnaissent à l'envi, c'est celle-là.

Le pape Clément XI disait de lui : « Eos de doctrina et *pietate* Fenelonii sensus e *sanctissimo* pectore deprompsit. » Et Jean-Jacques Rousseau parlait comme le pape. « Sa réputation, disait-il, vivra autant qu'il y aura sur la terre des hommes sensibles au vrai mérite et à la *vraie vertu*. »

Elevé par une sainte mère, au sein d'une famille modèle, Fénelon manifesta dès son jeune âge les dispositions les plus tendres à la piété. Lévite, il devint à Saint-Sulpice l'édification de ses condisciples et la consolation de ses maîtres. Le vénérable M. Tronson, de sainte mémoire, le prit en affection. « Si vous pouviez entendre, mande le jeune clerc à son oncle, les entretiens que nous avons ensemble, et la simplicité avec laquelle je fais connaître mon cœur, et avec laquelle il me fait connaître Dieu, vous nereconnaîtriez pas votre ouvrage, et vous verriez que Dieu a mis la main d'une manière sensible au dessein dont vous n'aviez encore que jeté les fondements. »

Prêtre et directeur pendant dix ans de religieuses et de jeunes filles, il ne se fit remarquer que par son humilité, sa régularité et sa ferveur. Tout entier aux âmes qui lui étaient confiées, ce fut pour elles qu'il composa ces chants sacrés, devenus vite populaires, qui respirent la plus tendre dévotion, et que depuis toutes les générations chrétiennes ont répétés. Bien des gens qui les redisent ignorent qu'ils émanent de l'âme suave et dévote de Fénélon. Il n'est pas hors de propos d'en parler, aucun critique à notre connaissance ne s'en étant occupé jusqu'ici.

Le plus connu de ces cantiques, celui que tous les

missionnaires ont aimé à propager dans, les campagnes et que nous avons entendu répéter quelquefois, avec des larmes, par des foules émues, est le récit de la Passion. C'est le cantique si connu :

> Au sang qu'un Dieu va répandre,
> Ah ! mêlez du moins vos pleurs.

Cette touchante complainte qu'on a eu la bonne pensée de mettre sur une mélodie empreinte d'une tristesse pénétrante du célèbre Pergolèse est une des œuvres de la jeunesse de Fénélon. On trouvera peut-être cette poésie et d'autres du même genre bien simples et bien rudimentaires. Elles étaient destinées précisément aux âmes simples, au peuple, aux enfants, et devaient porter ce caractère distinctif des œuvres populaires : la simplicité. D'ailleurs, il n'est pas si facile qu'on s'imagine d'être simple. Le genre du cantique demande des qualités très-rares, pour ne pas être ou trivial ou prétentieux. D'excellents poëtes y ont échoué.

Fénelon s'adonna à toutes sortes de sujets pieux. Tantôt c'est une hymne de joie à la naissance de Notre-Seigneur :

> Amour, honneur, louanges,
> Au Dieu Sauveur dans son berceau;

Tantôt des prières filiales et des hommages à la Sainte-Vierge. Mais où Fénelon excelle, c'est dans ses chants à l'Eucharistie. Chaque fois qu'il touche à ce sujet, il atteint à la vraie beauté. Pour beaucoup de chrétiens, ces cantiques ont accompagné l'acte auguste de leur première communion, et ils ne peuvent les entendre sans évoquer les souvenirs si purs de cette époque, toujours trop lointaine. La mélodie est ici, il faut le reconnaître, aussi douce que les paroles :

> Mon doux Jésus ne paraît pas encore,
> Trop longue nuit dureras-tu toujours !
> Tardive aurore,
> Hâte ton cours ;
> Rends-moi Jésus, ma joie et mes amours,
> Mon doux Jésus, que seul j'aime et j'implore.....

Quelle douceur de penser que ces élans poétiques, qui ont fait les délices des âmes pieuses depuis deux siècles, viennent de l'un des plus beaux génies dont s'honore l'humanité ; et quelle récompense pour celui qui les a conçus dans les heures de ferveur de sa jeunesse, de voir ainsi par delà la tombe ses hommages retentir au sein des générations chrétiennes.

J'imagine que dans sa retraite alors ignorée, Fénelon eût versé de douces larmes s'il eût pu savoir que bien longtemps après lui, les enfants, les cœurs simples, les âmes ferventes répéteraient devant les premières joies du Tabernacle ses protestations d'amour.

Un des ouvrages de Fénelon, qui nous donne la plus haute idée de sa piété, est sa Lettre sur la fréquente communion. On sait qu'au temps où il écrivait, la plupart des docteurs et des directeurs, imbus des préjugés du moment et plus ou moins des erreurs Jansénistes, avaient rompu avec les anciennes traditions de l'Eglise, sur le fréquent usage de la communion. Fénelon ne craignit pas de contredire les docteurs les plus en nom, en recommandant aux bons chrétiens la communion presque quotidienne. Après avoir, selon sa coutume, recherché dans les écrits des Pères, leur sentiment formel sur ce point, et prouvé que la discipline de l'antiquité, confirmée par l'autorité du Concile de Trente est favorable à la réception fréquente de l'Eucharistie, il conclut :

« Voilà l'Eglise qui est la même dans tous les temps. Rien ne la vieillit ; rien n'altère sa pureté. Le même esprit qui l'animait du temps de saint Justin et des autres Pères, la fait encore parler dans ces derniers jours. Elle invite tous ses enfants à une communion fréquente. Elle souhaiterait qu'ils n'assistassent jamais à aucune messe sans y communier..... Communions donc comme les Apôtres ont fait communier les premiers fidèles, et comme les Pères ont fait communier les chrétiens des siècles suivants. Laissez raisonner ceux qui veulent tout réformer, et mangez le pain quotidien, afin que vivant de Jésus-Christ vous viviez pour lui. »

Et dans une nouvelle Lettre adressée à une dame

chrétienne, il est encore, s'il se peut, plus explicite. « L'Eucharistie, dit-il, a été instituée comme un pain, c'est-à-dire, comme l'aliment le plus familier ; et les Pères l'appellent le pain quotidien... Pourvu que le laïque vive en bon laïque, *il peut et doit communier tous les jours*, s'il est libre... Rien n'est donc plus contraire à l'institution du Sacrement et à l'esprit de l'Eglise, que de vouloir respecter l'Eucharistie en la recevant rarement ; pourvu qu'on soit pur, le vrai respect est de la recevoir fréquemment. »

Ses lettres si diverses et si nombreuses de direction, sont autant de témoignages de sa piété vive et éclairée. La correspondance de Fénelon, qui ne remplit pas moins de onze volumes dans l'édition de 1827, ne peut se prêter ici à une analyse même sommaire. Sans parler de ses lettres politiques ou d'amitié, ses lettres spirituelles sont trop nombreuses pour être dépouillées dans une étude circonscrite dans des limites définies. Adressées à toutes sortes de personnes, non-seulement aux âmes versées dans la spiritualité, mais encore aux gens du monde les plus en vue, à des officiers, à des dames de la cour, aux principaux seigneurs et hommes d'Etat de son siècle, il n'est aucune des conditions de la société dans laquelle on ne puisse faire usage des maximes excellentes, des remarques judicieuses, des conseils sensés et paternels répandus dans cette correspondance.

Quelle était au fond la doctrine spirituelle de Fénelon, celle qu'on peut appeler caractéristique de sa piété ? Il nous est bien permis de la mentionner ici, car en la faisant connaître, c'est la piété elle-même de Fénelon que nous manifestons.

Or, le but qu'il se propose partout est d'enseigner aux âmes qui le consultent à faire de rapides progrès « dans l'art d'aimer Dieu. » Et son principal moyen est de faire silence autour de son âme, pour chercher et trouver l'ami intérieur, Dieu, dont la voix se fait entendre à qui veut l'écouter. La belle, la haute doctrine qu'il professe, qui fut l'aliment de son âme et la lumière de son esprit, la plus féconde d'ailleurs, la plus en harmonie avec tout notre être, et qu'on peut recommander en toute sécurité aux âmes délicates et attentives, c'est la doctrine du Maître intérieur. Cette doctrine n'était pas nouvelle dans l'Eglise. Elle a été exprimée très-heureusement, et dès les premiers siècles, par Athénagore, Tertullien, saint Clément d'Alexandrie, saint Augustin, et reprise après eux par les plus profonds spiritualistes dont s'honore le Christianisme. Elle a été vulgarisée par l'imitation de Jésus-Christ, ce chef-d'œuvre de la science expérimentale de Dieu, comme on l'a si bien défini.

Que dit en effet, l'Imitation sous les formes les plus variées et les plus pénétrantes :

« O Vérité, qui êtes mon Dieu, rendez-moi une même chose avec vous, en me liant à vous par une éternelle charité.

« Je m'ennuie souvent de tout lire et de tout écouter. C'est en vous seul que se trouve tout ce que je cherche et tout ce que je désire.

« Que tous les docteurs se taisent ; que toutes les créatures demeurent en silence devant vous.

« Parlez-moi vous seul.

« Plus un homme sera recueilli en lui-même et sera devenu simple au fond de son cœur, plus il avancera dans la connaissance des choses, et en comprendra de plus relevées, puisqu'il recevra d'en haut le don de l'intelligence. »

Et ailleurs :

« J'écouterai ce que le Seigneur mon Dieu me dit au dedans de moi-même.

« Heureuse l'âme qui écoute Dieu qui lui parle et qui reçoit de sa bouche la parole qui console. Heureuse l'oreille qui entend les sons sacrés de ce langage divin et qui se rend sourde aux bruits et aux tumultes du monde. Heureuse encore une fois l'oreille qui n'écoute point une parole qui résonne au dehors, mais qui entend la vérité même qui l'enseigne divinement dans le fond du cœur ! »

Telle est la substance de cette doctrine du Maître intérieur dont on trouve l'expression dans mille endroits des lettres et des œuvres de Fénelon.

Jésus-Christ présent à l'âme humaine qui apprend à son école une science que les livres n'enseignent pas, et qui le regarde comme son unique maître

« magister vester unus sit Christus, » avait dit l'Evangile, Jésus-Christ, lumière qui illumine tout homme, venant en ce monde, et se communique à l'âme qui l'appelle ; voilà le fondement solide de la doctrine spirituelle de Fénelon, que Bossuet et Malebranche ont enseignée également.

Que si Malebranche, en appliquant dans ses derniers écrits ces principes à un ordre différent, a exagéré leurs conséquences, et si des écrivains en s'autorisant des écrits de Malebranche, ont jeté quelque discrédit sur cette doctrine, il n'en reste pas moins certain que la doctrine du Maître intérieur, telle que l'ont comprise et professée les Pères et Fénelon, est la plus pure expression de l'Evangile lui-même.

Fénelon l'a formulée dans une phrase qui est restée dans la mémoire des penseurs :

« Un moment de recueillement, d'amour et de présence de Dieu, a-t-il dit, fait plus voir et entendre la vérité que tous les raisonnements des hommes. »

Et il ajoute : « Les hommes peuvent nous parler pour nous instruire ; mais nous ne pouvons les croire qu'autant que nous trouvons une certaine conformité entre ce qu'ils nous disent et ce que nous dit le Maître intérieur. Après qu'ils ont épuisé tous les raisonnements, il faut toujours revenir à Lui et l'écouter pour la décision. C'est au fond de nous-mêmes que nous avons besoin de trouver les vérités qu'on nous enseigne, c'est-à-dire, qu'on nous propose extérieurement. Ainsi, il n'y a qu'un seul véritable maître qui enseigne tout, et n'apprend rien. Les autres maîtres nous ramènent toujours à cette école intime où il parle seul. Loin de juger ce maître, c'est par lui seul que nous sommes jugés souverainement en toutes choses. C'est un juge désintéressé et supérieur à nous. Nous pouvons refuser de l'écouter et nous étourdir, mais en l'écoutant nous ne pouvons le contredire. »

Ailleurs, il dit : « Je vois Dieu en tout ; où, pour mieux dire, c'est en Dieu que je vois toutes choses ; car je ne connais rien, je ne m'assure de rien que par mes idées ; cette connaissance même des individus, où Dieu n'est pas l'objet immédiat de ma pensée, ne peut se faire qu'autant que Dieu donne à la créature l'intelligibilité, et à moi l'intelligence actuelle. C'est donc à la lumière de Dieu que je vois tout ce qui peut être vu. »

Il ne faisait en cela que se conformer à la pensée des Pères les plus éminents. Bossuet, si sûr dans sa doctrine, si éloigné de tout faux mysticisme, n'a-t-il pas dit : « On peut conclure avec saint Augustin qu'apprendre c'est se retourner à ces idées primitives et à l'éternelle vérité qu'elles contiennent, et y faire attention ; d'où l'on peut aussi inférer, qu'à proprement parler, un homme ne peut rien apprendre à un autre homme, mais qu'il peut seulement lui faire trouver la vérité qu'il a déjà en lui-même en le rendant attentif aux idées qui la lui découvrent intérieurement, à peu près comme on indique un objet sensible à un homme qui ne le voit pas, en le lui montrant du doigt et en lui faisant tourner ses regards de ce côté. »

C'est dans ce sentiment continuel de la présence de Dieu à l'âme humaine, dans ce recueillement de son âme tournée vers le Maître intérieur, que Fénelon puisait cette prédilection pour la méditation qu'il conserva toute sa vie, et cette ardeur dans la prière, qui fit ses délices et sa suprême consolation.

Il mettait en pratique cette parole de nos Saintes Lettres : « Celui qui m'aime demeure en moi et moi en lui », et il s'écriait : « O mon Dieu, si les hommes savaient ce que c'est que vous aimer, ils ne voudraient plus d'autre vie et d'autre joie que votre amour ! »

Aussi dans ses lettres spirituelles recommandait-il par dessus tout aux âmes qu'il dirigeait, de consacrer chaque matin quelques instants à la pensée de Dieu, à la méditation, à ce point qu'il en faisait une condition de salut.

« Surtout, Madame, écrivait-il à une de ses pénitentes les plus distinguées, surtout sauvez votre matin, et défendez-le comme on défend une place assiégée. Faites des sorties vigoureuses sur les importuns ; nettoyez la tranchée, et puis renfermez-vous dans votre donjon. »

Avec de tels principes on peut juger ce qu'était la vie intérieure de Fénelon. Il donna à ceux qui l'entouraient tous les genres d'édification. D'une régularité exemplaire, sa vie ordonnée suivant les principes les plus purs de la discipline ecclésiastique ressemblait à Cambrai, comme il le dit, au mouvement d'une pendule.

Il dormait peu, se levait de grand matin, consacrait les premières heures à la méditation, célébrait la sainte messe tous les jours dans sa chapelle, sauf le samedi. Ce jour-là il se rendait dans la métropole où il confessait indistinctement ceux qui réclamaient son ministère. Il mangeait très-peu, quoique sa table fut servie avec abondance et le luxe que commandait son rang. On attribuait à cette sobriété, poussée peut-être à l'excès, dit M. de Beausset, son extrême maigreur. Ses commensaux et les gens de sa maison, c'est-à-dire ceux qui pouvant l'observer de près, connaissaient à fond son caractère, le chérissaient, dit encore son historien, comme un père, et le vénéraient « comme le modèle de toutes les vertus qui honorent le plus l'humanité. » Son vêtement était digne, mais simple. Il ne portait d'or ni à sa ceinture ni à son chapeau, mais seulement une frange verte. Sa seule distraction était la promenade à laquelle il se livrait toutes les fois que le temps le permettait. Même dans

ses promenades il conservait son profond recueillement intérieur : « Je me promène, écrivait-il au marquis de Fénelon, je me trouve en paix dans le silence
devant Dieu. Oh ! la bonne compagnie ! on n'est
jamais seul avec lui. »

La résidence lui était chère, il l'observait scrupu-
leusement, ne s'éloignant de Cambrai que pour visiter
son diocèse. Dans cette existence si pieuse et si bien
ordonnée, il pouvait dire : « Je passe en paix mes
jours sans ennui, et le temps étant trop court pour
mes occupations, j'aurais un plaisir d'amitié qui me
manque, si je voyais quelques personnes absentes. »

Quant aux caractères de sa piété, si elle était profonde et éclairée, elle était surtout aimable. Tous les
contemporains lui ont rendu ce témoignage. Le grand
médisant du siècle, Saint-Simon, ne peut s'empêcher
de reconnaître que le commerce de Fénelon « était
enchanteur, et que sa piété facile, égale, n'effarou-
chait jamais et se faisait respecter. »

Elle était vive à ce point qu'il crut possible sur la
terre l'état du pur amour de Dieu, et qu'il écrivit le
livre des *Maximes des Saints*. Quand ce livre fut condamné, on sait quelle fut son attitude. Il allait monter
en chaire quand son frère, accouru de Rome en poste,
lui apporta la nouvelle de sa condamnation. On ne
le vit pas changer de visage, mais s'agenouillant, et
le front dans les mains, se recueillant devant Dieu, il
se dirigea vers la chaire d'un pas grave et tranquille,

et parla avec une onction pénétrante de l'obéissance
due à l'église.

Il adressa au Pape une lettre et à ses diocésains un
mandement qui comptent parmi les plus beaux monuments de l'histoire ecclésiastique. Ils sont trop connus
pour qu'on puisse encore en parler. Nous ferons seulement observer qu'en cette circonstance Fénelon mit
en pratique, dans sa propre cause, la doctrine qu'il
professait alors, presque seul parmi les évêques de
France, sur l'infaillibilité pontificale.

Il dit dans son assemblée provinciale de 1699 :
« Le Pape ayant jugé cette cause, les Evêques de la
province, quoique juges naturels de la doctrine, ne
peuvent dans la présente assemblée et dans les circonstances de ce cas particulier, porter aucun jugement qu'un jugement de simple adhésion à celui du
Saint-Siége, et d'acceptation de sa constitution. »

Nul ne fut plus humble et plus soumis que notre
archevêque. Longtemps après il écrivait à un de ses
amis : « Défiez-vous de votre esprit qui vous a souvent trompé. Le mien m'a tant trompé que je ne dois
plus compter sur lui. »

Sa piété enfin était efficace. Elle n'était pas seulement une habitude de son esprit, un sentiment de
son âme, elle vivifiait toutes ses actions et les inspirait. C'est elle qui lui fit supporter sa disgrâce, son
exil de la cour, les injustices de ses ennemis avec tant
de résignation et de sérénité ; c'est elle qui lui fit

trouver dans sa condamnation une si touchante simplicité et une obéissance si généreuse et si édifiante.
Elle l'entretînt, dans tous les temps, dans une modération d'esprit, dans une douceur de caractère, dans
une sagesse de conduite qui sont devenues comme
proverbiales. Si on l'a surnommé le cygne de Cambrai,
c'est autant à cause de la douceur de ses mœurs, de
la pureté de sa vie, de l'élévation de sa piété, que de
la suavité de ses accents.

Sa piété lui donna la mort des saints. On ne peut
lire sans verser des larmes d'attendrissement et d'admiration le récit de ses derniers moments. Lorsque la
fièvre lui laissait quelque trève, « on le voyait aussitôt,
dit son aumônier, joindre les mains, lever les yeux
vers le ciel, se soumettre avec abandon et s'unir à
Dieu dans une grande paix. Cet abandon plein de
confiance à la volonté de Dieu avait été dès sa jeunesse
le goût dominant de son cœur, et il y revenait sans
cesse dans tous ses entretiens familiers. C'était, pour
ainsi dire, sa nourriture et celle qu'il aimait à faire
goûter à tous ceux qui vivaient dans son intimité. »
Il se réjouissait, au milieu de ses plus vives douleurs,
d'être semblable à Jésus–Christ sur la croix : « Je
suis, disait-il, sur la croix avec Jésus-Christ. » « Christo
confixus sum cruci. » Il reçut les derniers sacrements
avec les marques de la plus vive dévotion, et eut
encore la force de dicter cette lettre au Père Le Téllier,

pour être mise sous les yeux du Roi, qui est, on peut le dire, un acte suprême de piété.

Son testament est lui-même un monument de foi, de désintéressement et de charité : « Je déclare, dit-il, que je veux mourir entre les bras de l'église catholique, apostolique et romaine, ma mère. Dieu qui lit dans les cœurs et qui me jugera, sait qu'il n'y a eu aucun moment de ma vie, où je n'aie conservé pour elle une soumission et une docilité de petit enfant..... Je soumets à l'Eglise universelle et au Siége apostolique tous les écrits que j'ai faits, et j'y condamne tout ce qui pourrait m'avoir échappé au-delà des véritables bornes..... Quoique j'aime tendrement ma famille, et que je n'oublie pas le mauvais état de ses affaires, je ne crois pourtant pas lui devoir laisser ma sucession. Les biens ecclésiastiques ne sont pas destinés aux besoins des familles, et ils ne doivent pas sortir des mains des personnes attachées à l'Eglise. »

Tous les actes de la vie de ce grand prélat furent marqués par cette piété féconde que l'apôtre a déclarée utile à tout. Comme elle animait ses actions, elle inspirait ses paroles, et c'est pourquoi nous avons voulu la mentionner comme une des sources de son éloquence.

M. de Ramsay l'avait constaté avec raison dans ce passage que nous avons déjà cité : « Rien ne montre mieux le caractère de l'esprit et *de la piété* de M. de Cambrai que les différentes formes qu'il prenait dans ses instructions publiques pour s'accommoder à la portée de tous. Tous ses sermons étaient faits de l'abondance de son cœur. Il ne les écrivait pas, il ne les préméditait presque pas. Comme Moïse, l'ami de Dieu, il allait sur la montagne sainte, et revenait ensuite vers le peuple lui communiquer ce qu'il avait appris dans cet entretien ineffable..... Ce génie si étendu et si délicat ne songeait qu'à parler en bon père, pour consoler, pour soulager, pour éclairer son troupeau. »

Le Père Querbeuf nous le dit de son côté : « Cette grande et merveilleuse facilité (oratoire), il l'avait acquise, moins encore par l'étude, qu'il ne négligeait pas cependant, *que dans la prière*, que *dans l'exercice fréquent de la méditation*, que dans le silence et le calme intérieur qui le rendait si attentif et si docile à la voix de Dieu. C'est en parlant souvent à ce grand maître qu'il apprenait à parler de lui de manière à le faire craindre, à le faire aimer encore plus. »

Homme de foi et d'oraison, Fénelon pouvait parler avec conviction des vérités de la religion ; homme de vertu, il devait la persuader efficacement aux autres ; embrasé de l'amour divin, il savait en faire pénétrer la flamme dans les cœurs. Plus on étudie la vie religieuse de Fénelon, plus on entre dans la connaissance de ses œuvres spirituelles, plus on est convaincu que la piété a été la lumière et la douceur de cette grande âme, le secret de son élévation et de sa beauté morale, le nerf de son éloquence et de son génie, et l'on comprend toute la portée de cette solennelle parole de Joseph de Maistre : « Veut-on dessiner la grandeur idéale ? Qu'on essaie d'imaginer quelque chose qui surpasse Fénelon, on n'y réussira pas.... »

§ III. — SON CŒUR.

Le cœur de Fénelon, c'est Fénelon tout entier ;
connaître son cœur, c'est le connaître lui-même dans
sa plus parfaite expression.

Le cœur est le foyer de l'amour, le centre et le
moteur de la vie physique, le lien mystérieux et sacré
des sentiments, le principe de toute expansion, de
tout don, de toute fécondité. On n'en peut douter. Il
existe une admirable harmonie entre le corps et
l'âme. Les organes du corps ont pour but d'exprimer
la vie de l'âme, ses fonctions et ses destinées ; or, ce
qui est vrai du corps en général, est vrai surtout du
cœur, organe principal de la vie. Aussi les mêmes
mots expriment-ils les qualités physiques du cœur et
les qualités morales de la vie des âmes. On l'a justement remarqué. Ces harmonies de langage re-
posent sur une harmonie de faits. Manifester les
dons et les actes d'un bon cœur, c'est manifester
l'homme dans sa synthèse la plus fidèle, dans sa
dernière analyse. Or, en étudiant et en admirant
l'esprit de Fénelon, ses productions variées, ses
chefs-d'œuvre impérissables, nous ne connaissons

qu'une partie de lui-même et de sa vie. En considérant
son cœur, en en saisissant les qualités et les charmes
intimes et les manifestations extérieures, nous aurons non-seulement sous les yeux une belle vision,
mais nous pénétrerons le mobile, la flamme qui inspira véritablement son génie, nous aurons le dernier
mot de Fénelon, enfin l'homme tout entier.

Fénelon manifesta dès ses premières années les
qualités exquises de son cœur. Il fut formé par une
éducation chrétienne, de tout point excellente, et
par une piété singulièrement tendre et douce qui développa, nous venons de le voir, et aussi qui préserva
de son arôme ses trésors naturels. C'est à la religion
que Fénelon dut son innocence, sa vive et ardente
piété, la fleur délicate et gracieuse de son esprit, la
générosité, la chaste et profonde tendresse de son
cœur.

Pour quiconque est entré sérieusement dans l'étude
du caractère et de la vie de Fénelon, il n'y a pas
l'ombre d'un doute sur ce point. Je ne sache pas d'ailleurs qu'il ait été jamais contesté.

· Quel fut le mobile qui poussa ce jeune homme d'un
nom si connu, d'un avenir si brillant, à entrer dans les
ordres, si ce n'est son amour du prochain, son zèle
pour le salut des âmes, les plus généreuses impulsions
du cœur enfin. Nous voyons Fénelon prendre place
aussitôt après son ordination, dans les rangs très-
humbles des prêtres de Saint-Sulpice. Il fait mieux

encore, un sacrifice plus complet s'offre à ses aspirations. Il le saisit, il le célèbre, il veut être missionnaire. « J'irai dit–il, j'irai baiser sur la terre de
Pathmos les pas de l'apôtre, et je croirai voir les cieux
ouverts... Je vois déjà le schisme qui tombe, l'Orient
et l'Occident qui se réunissent, et l'Asie qui voit re-
naître le jour, après une si longue nuit. La terre
sanctifiée par les pas du Sauveur et arrosée de son
sang, délivrée de ses profanateurs, et revêtue d'une
nouvelle gloire... » Ce sont là sans doute de jeunes
enthousiasmes voisins de l'illusion, mais ils partent
d'une âme chaude et vraiment apostolique.

Fénelon ne pouvant satisfaire ce besoin qui le
presse de porter l'Evangile aux nations délaissées,
accepte par obéissance la direction de la communauté
des Nouvelles–Catholiques. Ce sont des jeunes filles
protestantes converties à la foi qu'il s'agit de maintenir dans leurs bons desseins et d'affermir dans leurs
croyances. Notre abbé s'emploie à cette tâche si
obscure en apparence pendant plus de dix ans. Le
monde ne le tente pas, moins encore le bruit et la
renommée. Son évêque ne le voyait même pas.
« M. l'abbé, lui dit un jour M. de Harlay, vous voulez
être oublié, vous le serez. » Que lui importaient la
faveur et les distinctions ? Il s'était donné à Dieu et
aux âmes, il ne cherchait d'autre récompense que
Dieu. Il jouissait d'ailleurs de toute la satisfaction
nécessaire à un cœur comme le sien. Il recueillait

toutes les bénédictions que la tendre reconnaissance de ses nombreuses néophytes aimait à lui prodiguer, et inévitable contagion de la bonté, il avait déjà pour amis les hommes les plus recommandables, par leur rang, leurs vertus et leur génie. Ce furent ces amis mêmes qui l'arrachèrent à sa solitude, à cette vie humble et douce, qui convenait si bien à la modération de ses vœux et à la simplicité de son cœur.

On lui confie les missions du Poitou, et il y fait éclater la tendresse et le dévouement dont son cœur était rempli. Est-il besoin de le rappeler, car qui ne s'en souvient ? Ennemi déclaré de la contrainte et de l'intimidation, Fénelon supplie le roi de le laisser aller seul, sans autres armes que sa foi et sa parole, vers ces populations égarées. Dès cette époque, il prouve par ses actes ce qu'il enseignera plus tard dans ses Mémoires politiques, qu'il est odieux et insensé de se servir de la violence pour agir sur les consciences, et que l'Evangile de la paix ne s'annonce et ne resplendit que dans la douceur et la charité. On fit, à cette occasion, un crime à Fénelon de sa mansuétude et de sa tolérance envers les hérétiques. Il dut s'en expliquer avec le marquis de Seignelay et n'eût pas de peine à lui prouver, par des faits autant que par des raisons, que la méthode qu'il suivait était tout à la fois plus conforme à l'esprit de l'Evangile et plus efficace.

« Il ne faut, ajoutait-il, que des prédicateurs qui expliquent simplement le texte de l'Evangile, avec une autorité *douce* et insinuante... » « Pourvu, dit-il encore, que ces bons commencements soient soutenus par des prédicateurs *doux*, et qui joignent au talent d'instruire, celui de s'attirer la confiance des peuples. » Si dans sa mission du Poitou, Fénelon réussit si complétement, s'il convertit ces fortes et bonnes populations plus sûrement, par sa seule parole, que ne le faisaient ailleurs ses confrères, aidés de toute la force publique, c'est qu'il prêcha avec son cœur et qu'il gagna à son tour le cœur de ceux qui l'entendirent.

Chargé de l'éducation du duc de Bourgogne, de cet enfant qui naquit « terrible, dur, colère jusqu'aux derniers emportements, impérieux avec fureur, incapable de souffrir la moindre résistance même des heures et des éléments, sans entrer dans des fougues à faire craindre que tout ne se rompît dans son corps, » de cet enfant, qui joignait à tant de vices naissants une indomptable fierté, comment, pensez-vous que Fénelon en fit, ô merveille, en quelques années un prince accompli, que tous les contemporains ont célébré, comme le modèle des princes, les délices et l'espoir de la France, dont la mort a été un deuil immense, inconsolable, dans tous les rangs de la société.

Comment ? ce fut sans doute par l'ascendant

de son esprit, l'ensemble de sa direction que Fénelon parvint à refaire cette nature difficile et à lui donner l'essor , l'épanouissement vers le bien ; mais il est impossible d'en douter, ce fut surtout par son cœur. Fénelon avait le beau dans l'esprit et le bon dans le cœur, a-t-on dit justement. Il ne montrait jamais l'un que pour faire aimer l'autre. Si l'éducation de M. le duc de Bourgogne fut le chef-d'œuvre de la vertu et du génie, elle fut plus encore le chef-d'œuvre du cœur. Le précepteur sut se faire estimer et aimer de son élève au-delà de tout ce qu'on peut dire. Quelques scènes de cette éducation sont des plus attendrissantes ; on voit après une faute, le jeune duc se jeter au cou de Fénelon, l'étreindre de ses embrassements, le couvrir de ses baisers, plus désolé mille fois d'avoir affligé celui qu'il aimait que d'avoir encouru ses réprimandes. Et cette filiale affection résistera à tout, au temps, à l'absence, à l'adversité, à la persécution. M. le duc de Bourgogne devenu homme , devenu général d'armée et dauphin de France aura pour Fénelon exilé, disgracié, et vieillissant la même tendresse profonde, la même absolue déférence qu'aux premiers jours de leur douce intimité.

Ce n'était pas seulement le duc de Bourgogne que Fénelon avait en vue dans son ministère ; en lui, il élevait pour la France, un prince bon, juste, généreux, ami du peuple, des petits, des souffrants, et des délaissés. On ne pourra jamais le redire assez. Fénelon avait une immense compassion pour les misères du peuple, et ce sentiment inspira tous ses écrits politiques, comme plus tard tous ses actes à Cambrai. N'étant encore qu'abbé, et répondant à Mme de Maintenon qui lui demandait quelques conseils, il lui écrit ces paroles bien significatives : « Vous devez mettre toute votre application à donner au roi des vues de paix, et surtout, *de soulagement du peuple*, de modération, d'équité, de défiance à l'égard des conseils *durs et violents,* d'horreur pour les actes *d'autorité arbitraire*, enfin, d'amour pour l'Eglise, et d'application à lui chercher de saints pasteurs. »

En ces quelques lignes nous avons trouvé le fond de la pensée de Fénelon, le fond de son cœur, et le thème qu'il reprendra et développera sous des formes différentes soit dans le *Télémaque*, soit dans ses mémoires politiques, ses lettres au duc de Bourgogne, aux ducs de Beauvilliers et de Chevreuse et dans ses mandements.

Il n'est pas jusqu'à ses erreurs dans l'affaire du quiétisme qui ne témoignent de la bonté, de la délicatesse, de la générosité de son cœur, comme elles témoignent, nous l'avons vu, de sa piété. Car toute cette longue et triste affaire peut se résumer en ce mot déjà cité, ce fut l'erreur d'un cœur tendre et pieux. Les volumes qu'on peut écrire et qu'on a écrits sur cette interminable et douloureuse querelle tiennent dans cette ligne. Fénelon, dont la vertu, au témoignage unanime de tous les contemporains, était établie au point de faire rougir et reculer la plus hardie médisance, ne fut séduit par les maximes de l'amour pur et désintéressé que professait Mme Guyon, que par ce que ces maximes avaient dans les aspirations de son cœur profondément aimant une sainte correspondance, et qu'il les croyait conformes à la doctrine des saints qui se sont le plus distingués par une charité ardente. Il défendit ce qu'il croyait être la vérité envers et contre tous, jusqu'à ce que Rome eût parlé, et l'on sait que sa bonne foi n'eût d'égale que sa soumission éclatante et son obéissance absolue. On peut en croire là-dessus Mme de Maintenon, si hostile au quiétisme, et à Mme Guyon.

Qu'écrivait-elle dans l'intimité à Mme de Saint-Géran ? Écoutez ces aveux décisifs : « M. de Fénelon a trop de piété pour ne pas croire qu'on peut aimer Dieu uniquement pour lui-même et trop d'esprit pour croire qu'on peut l'aimer au milieu des vices les plus honteux. Il m'a protesté qu'il ne se mêlait de cette affaire que pour empêcher qu'on ne condamnât par inattention les sentiments des vrais dévots. Il n'est pas l'avocat de Mme Guyon, quoiqu'il en soit l'ami. Il est le défenseur de la piété et de la perfection chrétienne ; je me repose sur sa parole, parce que j'ai

connu peu d'hommes aussi pieux que lui, et vous
pouvez le dire. »

Que n'a-t-elle persévéré dans ses sentiments et
que n'a-t-elle réussi à en convaincre Bossuet ! Cette
lamentable querelle eut été étouffée dans son germe,
et le xvii⁰ siècle n'aurait pas été attristé du spectacle
de la lutte de ces deux grands génies faits pour s'estimer et s'aimer. Et encore, dans cette lutte, à qui
revient en définitive le beau rôle, le rôle de la charité, le rôle d'un bon cœur ? Quand on a lu attentivement les lettres des deux champions, il est impossible de porter un autre jugement que celui de la
postérité. Bossuet eut pour lui la vérité, mais Fénelon la charité. Je n'ai pas le dessein de revenir sur
cette querelle, mais enfin, il est un point de vue qu'on
a trop négligé et qu'il importe de bien préciser. Que
voulait Fénelon en refusant de souscrire aux condamnations rigoureuses de Bossuet : « On veut, dit-il,
que je condamne la personne de Mᵐᵉ Guyon. Quand
l'Eglise portera sur ses doctrines un arrêt, je suis
prêt à le signer de mon sang (Cela est clair et vrai,
sa conduite l'a bien prouvé). Hors de là, je ne puis
ni ne dois rien faire de semblable. J'ai vu de près une
vie qui m'a infiniment édifié ; pourquoi veut-on que
je la condamne sur d'autres faits que je n'ai point
vus ? Me convient-il d'aller accabler une pauvre personne que tant d'autres ont déjà foudroyée et dont

j'ai été l'ami. Quant à Bossuet, je serais d'avis d'adhérer à son livre s'il le souhaite, quant aux doctrines ; mais je ne le puis honnêtement ni en conscience, s'il attaque une femme qui me paraît innocente..... » N'est-ce pas là le langage d'un homme de cœur, et peut-on vraiment l'anathématiser ? La suite de cette affaire n'est que trop connue. Bossuet triomphe d'abord auprès de Louis XIV. Le roi envoie Fénelon en exil, le dépouille de tous ses titres à la cour, bannit ses amis, poursuit ses partisans. C'est une tempête qui passe sur tout ce qui avait entouré et chéri le précepteur de son petit-fils. Dans cette immense disgrâce qui atteint Fénelon dans sa réputation, son crédit, ses amitiés, sa parenté tout entière, qu'écrit-il, ce bon cœur si cruellement blessé :

« Je suis accablé des opprobes dont on m'a couvert, disait-il à ses amis, mais sacrifiez-moi. Encore un peu de temps, et le songe trompeur de cette vie va s'évanouir, et nous serons tous réunis à jamais dans le royaume de la vérité, où il n'y a plus ni erreur, ni division, ni scandale, où la paix de Dieu sera la nôtre ! En attendant, souffrons, taisons-nous, laissons-nous fouler aux pieds, trop heureux si notre ignominie sert à sa gloire. »

Bossuet écrit livre sur livre pour accabler son adversaire désarmé. Fénelon s'en remet simplement au jugement du Saint-Siége. La lutte change de face. L'évêque de Meaux emploie tous les moyens, toutes les intrigues, il faut bien le dire, et son triste neveu plus encore que lui, pour obtenir une condamnation éclatante. A Rome, les cardinaux sont divisés d'opinions et passent deux ans entiers en conférences, en examens réitérés sur le livre des *Maximes des Saints*. Fénelon eût désiré que pendant ce temps au moins la polémique prit fin. Bossuet ne l'entend pas ainsi. Pendant que les juges sont à l'œuvre il écrit de tous côtés, il excite le Roi, Madame de Maintenon, le cardinal de Noailles, il imprime trois volumes pour écraser « ce Montant d'une autre Priscille, » comme il ne craint pas d'appeler le pur et religieux archevêque de Cambrai. L'aigle s'acharne sur le cygne Quel est, avant de succomber dans cette lutte inégale, le chant du cygne ?

« Nous sommes, vous et moi, écrit Fénelon à Bossuet, l'objet de la dérision des impies, nous faisons gémir les gens de bien ! Que tous les hommes soient hommes, c'est ce qui ne doit pas surprendre; mais que des Ministres de Jésus-Christ, ces anges des Eglises donnent au monde profane et incrédule de tels spectacles, c'est ce qui demande des larmes de sang. Trop heureux, si au lieu de ces guerres de doctrine, nous avions toujours fait nos catéchismes dans nos diocèses pour apprendre aux pauvres villageois à connaître et à aimer notre Dieu. » Ah, avec quel attendrissement je recueille ces dernières paroles et comme j'y trouve avec bonheur le fond même de la pensée, des préoccupations, du cœur de Fénelon, apprendre à ses chers et pauvres villageois à connaître et aimer Dieu, voilà ce que voulait, ce que désirait par-dessus tout le saint et aimable Pasteur, ce qu'il fit à travers toutes ses douleurs et ses déceptions, avec un zèle qui ne se refroidit que dans les bras de la mort.

Il y a à cette époque de la vie de Fénelon, un trait, un mot qui le peignent tout entier. Pendant qu'il tenait tête à l'orage qui foudroyait tout autour de lui, voici que le feu consume en quelques heures son palais de Cambrai : tous ses meubles, tous ses livres, tous ses papiers. Il était absent à ce moment, et ce fut l'abbé de Langeron, son ami de tous les temps, qui lui apporte cette nouvelle du désastre.

Il trouve Fénelon causant tranquillement avec ses amis. Il apprit cette nouvelle, non avec une indifférence affectée, mais avec la douceur et la sérénité habituelle de son âme, et se contenta de dire : « Il vaut mieux que le feu ait pris à ma maison qu'à la chaumière d'un pauvre laboureur. » N'est-ce pas touchant cela, et caractéristique ? Ses amis n'eurent pas la même résignation. Ils déplorèrent la perte d'un grand nombre de manuscrits intéressants qui avaient servi à l'éducation de M. le duc de Bourgogne, où qui avaient été le travail des plus belles années de sa vie. Notons que, par un malheur plus déplorable encore, ce qui restait des manuscrits du duc de Bourgogne, tout un trésor d'une valeur inappréciable, a été brûlé par le pétrole de l'infâme Commune de Paris dans l'incendie de la Bibliothèque du Louvre, de sorte que tout a péri aujourd'hui de tant d'écrits inestimables, et que celui qui voudra raconter un jour en détail l'une des plus belles éducations dont il soit fait mention dans les annales des siècles, n'aura plus pour se guider que les souvenirs incomplets de l'histoire coutemporaine. Enfin, Fénelon est condamné.

Il publie, par tout son diocèse, un mandement qu'aucun cœur d'homme, s'il est droit et bon, ne lira jamais sans respect et sans émotion.

« A Dieu ne plaise qu'il soit jamais parlé de nous, si ce n'est pour se souvenir qu'un pasteur a cru devoir être plus docile que la dernière brebis du troupeau, et qu'il n'a mis aucune borne à sa soumission. »

Ce sont-là des actes qui immortalisent un homme, et des condamnations plus édifiantes, plus méritoires que les triomphes les plus péniblement remportés.

Si dans ses écrits publics on retrouve le cœur de Fénelon, véritable inspirateur de son génie, que dirons-nous de ses écrits privés. Il faut lire ses lettres de cette époque. Sainte et douce lecture qui repose l'esprit et réconcilierait avec l'humanité le misanthrope le plus endurci.

L'abbé de Chanterac, son ami, avait suivi en Cour de Rome toute l'affaire du Quiétisme. C'est lui qui avait représenté Fénelon auprès des commissaires.

C'est lui aussi qui lui mande le premier sa condamnation. Que lui répond Fénelon : « Votre retour sera ma plus sensible consolation. Je ne vous dois pas moins que si les plus grands succès avaient suivi votre travail. Ma reconnaissance, ma confiance, ma vénération et ma tendresse pour vous sont sans bornes. Venez au plutôt, afin que nous nous consolions dans le sein du véritable consolateur. Nous vivrons et nous mourrons, n'étant qu'un cœur et qu'une âme. (Quelle touchante effusion en un tel moment) ! Il insiste : « Ma santé se soutient, ma paix, au milieu de tant d'amertumes, se conserve aussi.

« Je voudrais bien que ma consolation servit à vous consoler. Conservez-vous, mon cher abbé, si vous veniez à me manquer, ma croix serait trop pesante pour ma faiblesse, nous tâcherons de servir Dieu ensemble, et d'édifier ce diocèse. » Dans l'adversité et l'universel délaissement, le cœur de Fénelon paraît plus grand, plus tendre, plus expansif, plus aimable encore que dans ses meilleurs jours. Et pourtant ce n'est pas l'ordinaire effet du malheur. Tandis que la joie et la prospérité dilatent d'ordinaire le cœur, l'infortune l'aigrit et le rétrécit au moins chez les âmes vulgaires. Chez notre prélat, la bonté, le zèle, le dévouement, l'empressement à soulager toutes les souffrances et toutes les misères reçoivent de sa disgrâce comme une impulsion nouvelle. Il n'y a rien de plus édifiant à étudier que la conduite de Fénelon à Cambrai. Il y paraît pasteur et père dans la plus large et la plus chrétienne acception du mot. Son épiscopat n'a rien à envier à ceux de nos plus saints évêques. Il a la douceur de saint François-de-Sales, le zèle et la régularité de saint Boromée, la charité de saint Vincent-de-Paul.

Une fois fixé à Cambrai, il n'en sortira plus. Il se consacre tout entier aux intérêts de son troupeau. En vain ses amis tenteront-ils plusieurs fois de le faire sortir de sa retraite : « Pour moi, écrit-il, je n'ai aucun besoin ni désir de changer ma situation. Il ne faut point que mes amis se tourmentent jamais pour mon compte. Je n'ai jamais cherché la cour, on m'y a fait aller. J'y ai demeuré pendant près de dix ans sans m'ingérer, sans me mêler d'aucune affaire, sans faire un seul pas pour moi, sans demander la moindre grâce, et me bornant à répondre selon ma conscience sur les choses dont on me parlait On m'a renvoyé ; c'est à moi de demeurer en paix dans ma place. »

Télémaque paraît, on sait par quelle fraude et quel abus de confiance d'un misérable valet ; les ennemis de Fénelon ne manquent pas de s'emparer de ce livre et d'y voir une critique amère du règne de Louis XIV, presqu'une vengeance. Un nouvel orage éclate encore sur sa tête, plus terrible peut-être que le premier. Il ne s'en émeut pas, fort de la pureté de ses intentions et du témoignage de sa conscience. Il se borne à répondre : « J'ai fait *Télémaque* dans un temps où j'étais charmé des marques de confiance et de bonté dont le roi me comblait ; il aurait fallu que j'eusse été non-seulement l'homme le plus ingrat, mais encore le plus insensé, pour y vouloir faire des portraits satyriques et insolents ; j'ai horreur de la pensée d'un tel dessein. »

D'ailleurs, on ne fait pas assez attention en lisant *Télémaque* aux correctifs nombreux et importants que Fénelon a apportés à ses judicieuses réflexions sur les abus de la royauté absolue.

Témoin cette phrase, qu'on devrait crier aujourd'hui sur les toits, en face des énergumènes de la démagogie, parce qu'elle est leur histoire et leur condamnation : « Tel critique aujourd'hui impitoyablement les Rois, qui gouvernerait demain moins bien qu'eux et qui ferait les mêmes fautes avec d'autres infiniment plus grandes, si on lui confiait la même puissance. »

Qu'est-il besoin d'insister, ceux qui ont bien lu *Télémaque* savent qu'une seule pensée, un seul mobile inspira Fénelon, et ce mobile venait toujours de son cœur, c'était de rendre les peuples plus heureux, de faire respecter la justice, d'assurer aux petits et aux faibles une protection sérieuse et efficace, de rendre en un mot, le gouvernement des rois, paternel et bienfaisant, de réaliser cette maxime qu'il répète souvent : « que les rois sont faits pour les sujets et non les sujets pour les rois. »

Ce qu'il voulait chez ceux qui ont reçu à quelque degré la puissance et la mission de conduire les autres, il le pratiquait lui-même à Cambrai, dans son vaste et populeux diocèse.

On n'en finirait pas si l'on voulait énumérer tous les traits admirables de sa charité que l'histoire nous a conservés. Qui n'a lu quelques-unes de ces traditions populaires reproduites par la peinture et le burin, et plus fidèlement encore conservées dans les cœurs ? Facile avec tous, lorsque dans ses promenades il rencontrait des paysans, il s'asseyait avec eux sur le gazon, les interrogeait, les consolait ; souvent il allait les visiter dans leurs cabanes, leur laissant toujours des témoignages de sa munificence. Lorsque quelques uns plus heureux lui offraient un repas champêtre, il l'acceptait avec plaisir et se mettait à table avec leur famille. Et cela n'est pas une légende composée à plaisir. C'est de l'histoire, et le grave cardinal de Beausset, quand il a raconté ce trait et bien d'autres, avait entre les mains les mémoires manuscrits du temps qui les rapportaient. Les vieillards qui ont eu le bonheur de le voir, disait-on, en 1774, en pleine Académie française, parlent encore de lui avec le respect le plus tendre : « Voilà, disent-ils, la chaise de bois où notre bon archevêque venait s'asseoir au milieu de nous ; nous ne le verrons plus, et ils répandaient des larmes. »

Qui n'a vu représentée par le pinceau ou le crayon cette scène sublime dans sa simplicité.

Il recueillait, dans son palais, les malheureux habitants des campagnes que la guerre avait chassés de leurs demeures, les nourrissait et les servait lui-même à table. Il vit un jour un paysan qui ne mangeait point et lui en demanda la raison : « Hélas, Monseigneur, lui dit le paysan, je n'ai pas eu le temps, en fuyant de ma cabane, d'emmener une vache qui nourrissait ma famille. Les ennemis me l'auront enlevée, et je n'en trouverai pas une aussi bonne. » Fénelon, à la faveur de son sauf-conduit, partit sur-le-champ, accompagné d'un seul domestique, trouva la vache et la ramena lui-même au paysan. Qu'ajouter à l'éloquence de ce fait, et comment n'en être pas attendri jusqu'aux larmes !

Unanimité dans les témoignages du temps sur les vertus et la vie de Fénelon à Cambrai, sur l'amour dont il y était entouré, voilà ce qu'il faut constater par dessus tout. Amis comme ennemis de la Religion se rencontrent ici. Ecoutons Pélisson : « Personne, écrit-il, n'est ici plus à la mode que l'Archevêque de Cambrai, et ce qui vous surprendra, c'est pour une chose qui n'est peut-être pas trop à la mode, qui est de faire admirablement bien son devoir d'Evêque, mais la grande vertu se fait toujours admirer. M. de Louvois, le chevalier de Nogent, et tous les autres qui ont été avec lui à Cambrai, durant quelques jours, ont rapporté tant de bien de ce prélat, que le Roi a dit publiquement qu'il en était ravi.

« Il se lève dès quatre ou cinq heures du matin, va dire la messe, passe tout le reste de la matinée dans l'église soit aux offices ou en oraison, donne à dîner à qui veut, au sortir de là, en vaisselle d'étain fort nette, et de bonnes viandes, mais sans aucun excès, ni pour la délicatesse, ni pour la qualité, passe l'après-midi à visiter les malades, ou des prisonniers, ou d'autres affligés, excepté qu'il rend soigneusement visite au moindre capitaine d'infanterie qui a été chez lui, fait beaucoup d'aumônes, et ne laisse mourir personne dans Cambrai sans l'assister, au moins sans lui aller donner sa bénédiction. Cela est tellement établi que les gens du plus bas peuple envoient dire à l'Archevêque qu'ils se meurent et qu'il leur vienne donner sa bénédiction. »

Quel plus éloquent panégyriste peut-on invoquer que cette lettre de Pélisson.

Veut-on quelque chose de plus explicite encore et de plus significatif que cette lettre. C'est la narration que l'abbé Ledieu, chanoine et secrétaire de Bossuet, nous a laissée de son voyage à Cambrai. L'abbé Ledieu brûlait d'envie de voir de près le Fénelon dont il avait si souvent entendu parler à Bossuet, son maître, qu'il avait bien des fois combattu (involontairement peut-être) en transcrivant pour l'imprimeur tous les écrits de l'évêque de Meaux contre l'archevêque de

Cambrai. A peine Bossuet est-il mort (1704), que notre abbé cherche le premier prétexte venu et part pour Cambrai. Il faut lire sa narration entière, c'est une des plus curieuses que puisse nous fournir l'histoire. Elle est sincère, vivante, circonstanciée. Ce sont les petits côtés de l'histoire, mais non les moins précieux et les moins instructifs.

Eh bien, quelle est l'impression qu'emporte Ledieu de sa visite à Fénelon ? Il ne parle que de son « air affable et bienveillant, de sa bonté, de sa mortification, de sa modestie, et de l'édification de sa vie, et il ajoute : « Il est vrai qu'il est généralement estimé et aimé des petits et des grands ; partout où il se montre, il emporte aussitôt l'estime et l'approbation. »

Ce n'est pas que Fénelon cherchât une vaine popularité ou des témoignages de reconnaissance. Celui qui a dit : « Je préfère mes amis à moi, ma patrie à mes amis, le genre humain à ma patrie » était le désintéressement même. « La philanthropie, a-t-il dit quelque part, consiste à faire du bien aux hommes, sans en espérer aucune reconnaissance. » Et ailleurs : « Quand on est destiné à gouverner les hommes, il faut les aimer pour l'amour de Dieu, sans attendre d'être aimé d'eux. » Ainsi quand il répandait à flots les aumônes, quand il prodiguait à tout venant ses consolations, il obéissait uniquement à la loi de son apostolat et plus encore aux besoins les plus impérieux de son cœur. Dans ce terrible hiver de 1709, quand aux angoisses du froid et de la faim, vinrent se joindre pour le peuple de son diocèse les horreurs d'une guerre malheureuse, Fénelon se multiplia ; son palais devint un asile ouvert à toutes les infortunes. Ecoutez cette page de Saint-Simon : « Sa maison ouverte, et sa table de même, et toujours beaucoup de gens de guerre distingués, et beaucoup d'officiers particuliers sains, malades, blessés, logés chez lui, défrayés et servis, comme s'il n'y en eut eu qu'un seul, et lui ordinairement présent aux consultations des médecins et des chirurgiens. Il faisait d'ailleurs auprès des malades et des blessés les fonctions du pasteur le plus charitable, et souvent il allait exercer le même ministère dans les maisons et les hôpitaux où l'on avait dispersé les soldats. Et tout cela sans oubli, sans petitesse, et toujours prévenant avec les mains ouvertes. Une libéralité bien entendue, une magnificence qui n'insultait point et qui se versait sur les officiers et les soldats, qui embrassait une vaste hospitalité, et qui pour la table, les meubles et les équipages demeurait dans les justes bornes de sa place. Egalement officieux et modeste, secret dans les assistances qui pouvaient se cacher *et qui étaient sans nombre*, leste et délié sur les autres, jusqu'à devenir l'obligé de ceux à qui il les donnait et à le persuader. Jamais empressé, jamais de compliments mais d'une politesse qui, en embrassant tout, était toujours mesurée et proportionnée, en sorte qu'il semblait à chacun qu'elle n'était que pour lui, avec cette prévision dans laquelle il excellait singulièrement ; aussi était-il *adoré de tous*. L'admiration et le dévouement pour lui étaient dans le cœur de tous les habitants des Pays-Bas, quelqu'ils fussent, et de toutes les dominations qui les partageaient, dont il était *l'amour et la vénération*. » Est-ce le tableau de la charité de Fénelon, ou celui de la charité elle-même que Saint-Simon vient de tracer ? On ne saurait le dire, tant le cœur de notre prélat était empreint des maximes et de l'exemple du divin Maître, de Notre-Seigneur Jésus-Christ, source unique et intarissable de toute charité. Car il faut le répéter et ne l'oublier jamais, c'est la Religion qui avait fait le cœur de Fénelon, comme celui de Vincent de Paul, celui de François de Salles, de François d'Assises, de tous les bienfaiteurs et des vrais amants de l'humanité. Rien de ce qu'on nous raconte des merveilles de cette charité de Fénelon ne nous étonnera. Il prévient la famine dans son diocèse, il nourrit à la lettre les armées du roi. Il écrit au duc de Chevreuse, après tout cela : « Si on manquait, par malheur, d'argent pour de si pressants besoins, j'offre ma vaisselle d'argent, et tous mes autres effets, ainsi que le peu qui me reste de blé. Je voudrais servir de mon argent et *de mon sang*, et non faire la cour. »

Il avait au cœur tous les nobles amours, cet homme

apostolique. S'il chérissait les pauvres, les malades, les délaissés, toute la portion souffrante de ses frères, s'il avait pour le troupeau qui lui avait été confié une inépuisable charité, il aimait aussi la grande famille dont il était un des fils les plus glorieux, le pays qui lui avait donné le jour, la France sa patrie. Il suffit pour s'en convaincre de lire ses écrits politiques. Ses avertissements parfois si sévères, ses conseils, ses plaintes ne sont inspirés que par le plus pur dévouement au bien public. Il termine une de ses lettres les plus énergiques au duc de Chevreuse par ces mots : « Si *j'aimais moins la France*, le Roi, la maison royale, je ne parlerais pas ainsi. » Que de fois ne l'a-t-on pas entendu s'écrier : « Je donnerais ma vie pour la France, je la donnerais comme une goutte d'eau, et je prie Dieu tous les jours, sans relâche, pour qu'il la comble de ses bénédictions. » Ailleurs il s'écrie : « Il (Dieu) sait avec *quelle tendresse j'aime ma patrie* ; avec quelle reconnaissance et quel attachement respectueux je donnerais ma vie pour la personne du Roi ; avec quelle affection je suis attaché à la maison royale. . . . . mais je ne puis vous cacher mon cœur ; c'est par cette affection vive, tendre et constante, que je souhaite que nos maux extrêmes nous préparent une vraie guérison. »

Aussi pouvait-il dire, en présence de la mort et de l'Eternité, à cette heure où l'on ne trompe pas : « Je n'ai jamais été un seul moment en ma vie sans avoir pour la personne du Roi (car le Roi, alors, c'était comme l'incarnation de la patrie) la plus vive reconnaissance, le zèle le plus ingénu, le plus profond respect et l'attachement le plus inviolable. »

Il avait enfin pour ses amis une affection aussi tendre que dévouée ; ses lettres, ses relations avec ceux qui lui étaient unis par les liens du sang, de la sympathie ou de la reconnaissance, forment, tout le monde le sait, une des plus belles légendes, un des types les plus achevés de l'amitié humaine. Celui qui a dit : « Les vrais amis sont notre plus grande douceur et notre plus grande amertume ; on serait tenté de désirer que tous les bons amis s'entendissent pour mourir ensemble le même jour ; » qui écrivait après la mort du duc de Beauvillers à la duchesse, sa femme : « Pour moi, qui étais privé de le voir depuis tant d'années, je lui parle, je lui ouvre mon cœur, je crois le trouver devant Dieu, et, quoique je l'aie pleuré amèrement, je ne puis croire que je l'ai perdu. Oh ! qu'il y a de réalité dans cette société intime ! » Et encore : « Nous retrouverons bientôt ce que nous avons perdu ; nous en approchons tous les jours à grands pas ; encore un peu, et il n'y aura plus de quoi pleurer. C'est nous qui mourons ; ce que nous aimons vit et ne mourra plus. » Celui qui marquait, après la mort de l'abbé de Laugeron, son plus constant ami, sa profonde douleur en ces termes : « J'avoue que je me suis pleuré moi-même en pleurant

mon ami. Il me reste une espèce de langueur intérieure ; je ne me console que par la lassitude de la
douleur. . . . Dieu a fait sa volonté, il a préféré le
bonheur de mon ami à ce qui était ici-bas ma consolation ! » et qui résumait l'état de son âme par
ces mots : « Je ne vis plus que d'amitié, et ce sera
l'amitié qui me fera mourir ! » Celui-là, dis-je, savait
aimer.

La seule crainte qu'on éprouve en parlant du cœur
de Fénelon, c'est de n'en donner qu'une incomplète
et infime idée.

Peu d'hommes, dans les conditions ordinaires de
l'humanité, ont possédé en effet, dans une mesure
aussi parfaite, le don d'aimer avec intelligence, tendresse et désintéressement. Peu d'hommes, si l'on
excepte les saints, ont présenté au monde une image
plus ravissante et plus accomplie de la divine charité.

Il faut tenir grand compte, dans l'étude d'un orateur, de ces qualités du cœur ; car le cœur est la
source maîtresse de l'éloquence : « Pectus est quod
disertos facit, » disait l'antiquité. Saint Augustin le pro-
clamait avec raison, dans son célèbre traité sur l'art
de catéchiser, la grande qualité de l'orateur chrétien,
c'est la charité. « Dilige et dic quod voles. » C'était sa
maxime favorite, celle d'ailleurs de tous les maîtres
de l'éloquence sacrée. Or, Fénelon a tendrement aimé
les âmes, il avait le cœur enflammé de toutes les

saintes passions, de toutes les ardeurs de la charité, il avait donc de ce côté, comme nous l'avons montré pour les autres, tout ce qui constitue le véritable et le grand orateur.

CHAPITRE III.

DES PRINCIPES DE FÉNELON SUR L'ÉLOQUENCE.

Fénelon avait sur l'éloquence des idées élevées, longtemps mûries, et d'une vérité saisissante, qu'il devait sans doute en partie à la lecture réfléchie de Platon et de Cicéron, à celle de saint Augustin, à ses propres observations, mais surtout à ce rare bon sens et à ce goût exquis qui faisaient le fond de sa nature.

Ses observations générales sur l'éloquence sont tirées du bon sens même.

Son premier principe, c'est que *l'éloquence est l'art de persuader la vérité et de rendre les hommes meilleurs*. Tout autre emploi de l'éloquence lui paraît faux, injuste et pernicieux. Il répète sans se lasser cette maxime fondamentale de sa Rhétorique : « L'orateur doit avoir pour but d'instruire et de rendre les hommes meilleurs » ; « à quoi servent les beaux discours d'un homme, si ces discours, tout beaux qu'ils sont ne font aucun bien au public? Les paroles, comme dit saint Augustin, sont faites pour les hommes, et non pas les hommes pour les paroles. » « Il faut que les orateurs ne craignent et n'espèrent rien de leurs auditeurs pour leur propre intérêt. » Pour être digne de persuader les peuples, l'orateur doit être un homme incorruptible, désintéressé, profondément vertueux, car encore une fois l'éloquence et la profession de l'orateur sont consacrés à l'instruction et à la réformation des mœurs du peuple. » « Il ne faut pas faire à l'éloquence le tort de penser qu'elle n'est qu'un art frivole, dont un déclamateur se sert pour imposer à la faible imagination de la multitude et pour trafiquer de la parole : c'est un art très-sérieux qui est destiné à instruire, à réprimer les passions, à corriger les mœurs, à soutenir les délibérations publiques, *à rendre les hommes bons et heureux*... » L'homme digne d'être écouté est celui qui ne se sert de la parole que pour la pensée, et de la pensée que pour la vérité et la vertu. » Il ne sort pas de là. Il donnera à cette maxime des formes et des applications variées, elle reviendra toujours comme le point d'appui de tous ses conseils et de toutes ses règles.

C'est une vérité de bon sens. Comme le disait Fénelon : « Il n'est pas nécessaire d'être chrétien pour penser cela ; il ne faut être que raisonnable. » Aussi aime-t-il à reproduire les réflexions du *Gorgias* de

Platon qui ne fait que développer ce principe : « Un discours n'est beau que s'il est utile, il n'est utile que s'il sert la vérité, s'il la persuade, l'expose ou la défend, s'il peut rendre enfin les hommes meilleurs qu'ils ne sont. »

Au point de vue général, et sans entrer dans le domaine de l'éloquence sacrée, Fénelon pose avec les anciens ce second principe. « Un discours n'est éloquent qu'autant qu'il agit dans l'âme de l'auditeur. » Tout discours qui vous laisse froid, qui ne fera qu'amuser votre esprit, et qui ne remuera pas vos entrailles, votre cœur, quelque beau qu'il paraisse, ne sera point éloquent.

« Voulez-vous entendre Cicéron parler comme Platon en cette matière ? Il vous dira que toute la force de la parole ne doit tendre qu'à mouvoir les ressorts cachés que la nature a mis dans le cœur des hommes. Aussi consultez-vous vous-même pour savoir si les orateurs que vous écoutez font bien. S'ils font une vive impression sur vous, s'ils rendent votre âme attentive et sensible aux choses qu'ils disent, s'ils vous échauffent et vous enlèvent au-dessus de vous-même, croyez hardiment qu'ils ont atteint le but de l'éloquence. Si au lieu de vous attendrir, ou de vous inspirer de fortes passions, ils ne font que vous plaire et que vous faire admirer l'éclat et la justesse de leurs pensées et de leurs expressions, dites que ce sont de faux orateurs. »

Ainsi Fénelon écarte tout d'abord cette race de rhéteurs, de déclamateurs et d'acteurs pour laquelle il eut tout sa vie une aversion profonde, qui ne fit que s'accroître avec les années.

Il leur refuse le don de l'éloquence, il refuse même de les entendre. Ces hommes, lorsqu'ils venaient par hasard à lui imposer leurs accents, heurtaient et froissaient cette fine et loyale nature. Leur voix bouleversait l'harmonie de son être comme une note fausse. L'abus de la parole lui paraissait une honte, et une entreprise coupable, car la parole n'est pas un métier, mais une sorte de ministère et de sacerdoce.

Il y a peu à s'étendre sur les opinions de Fénelon sur l'éloquence en général ; elles lui sont communes avec tous les esprits justes qui ont, dans tous les siècles, disserté sur cette matière.

Fénelon n'a eu d'idées vraiment personnelles que sur l'éloquence de la chaire.

Ici il est original et veut être écouté avec respect et attention.

Rappelons-nous sa pensée fondamentale : L'éloquence n'est que l'art d'instruire et de persuader les hommes en les touchant. Cet art consiste dans les moyens que la réflexion et l'expérience ont fait trouver pour rendre un discours propre à persuader la vérité et « à en exciter l'amour dans le cœur des hommes. » Transportez cet art dans la chaire, sous sa forme sérieuse et grave ; supposez-le accompagné d'une science éprouvée, d'une vertu sincère ; joignez à l'art de l'ordre, de la méthode pour instruire, de la solidité de raisonnement, des mouvements pathétiques qui touchent et qui remuent les cœurs. « L'éloquence n'est que cela. Appelez-la comme vous voudrez. » Mais pour persuader, il faut toucher en excitant les passions, « la meilleure manière sera la plus vive et la plus naturelle. » C'est ici que Fénelon place sa théorie favorite : que le prédicateur ne doit pas apprendre par cœur son sermon. Cette théorie, où quelques-uns n'ont voulu voir qu'une singularité, est la conséquence légitime des principes de Fénelon.

« L'orateur qui n'apprend pas par cœur, dit-il, se possède, parle naturellement, il ne parle point en déclamateur ; les choses coulent de source ; ses impressions (si son naturel est riche pour l'éloquence) sont vives et pleines de mouvements ; la chaleur même qui l'anime lui fait trouver des expressions et des figures qu'il n'aurait pu préparer dans son étude. Ce qu'on trouve dans la chaleur de l'action est tout autrement sensible et naturel (que ce qu'on trouve dans le cabinet), il a un air négligé, et ne sent point l'art comme presque toutes les choses composées à loisir. Ajoutez qu'un auteur habile et expérimenté proportionne les choses à l'impression qu'il voit qu'elles font sur l'auditeur ; car il remarque fort bien ce qui entre et ce qui n'entre pas dans l'esprit, ce qui attire l'attention, ce qui touche les cœurs, et ce qui ne fait point ces effets. Il reprend les mêmes choses d'une autre manière, il les revêt d'images et de compàraisons plus sensibles ; ou bien il remonte aux principes d'où dépendent les vérités qu'il veut persuader, ou bien il tâche de guérir les passions qui empêchent ces vérités de faire impression. Voilà le véritable art d'instruire et de persuader ; sans ces moyens on ne fait que des déclamations vagues et infructueuses. Voyez combien l'orateur qui ne parle que par cœur est loin de ce but. Représentez-vous un homme qui n'oserait dire que sa leçon : Tout est nécessairement compassé dans son style ; et il lui arrive ce que Denys d'Halicarnasse remarque qui est arrivé à Socrate, sa composition est meilleure à être lue qu'à être prononcée. D'ailleurs, quoiqu'il fasse, ses inflexions de voix sont uniformes et toujours un peu forcées ; ce n'est point un homme qui parle, c'est un orateur qui récite ou qui déclame ; son action est contraire, ses yeux trop arrêtés marquent que sa mémoire travaille, et il ne peut s'abandonner à un mouvement extraordinaire sans se mettre en danger de perdre le fil de son discours. L'auditeur voyant l'art si à découvert, bien loin d'être saisi et transporté hors de lui-même, comme il le faudrait, observe froidement tout l'artifice du discours. »

Cette théorie de Fénelon a été combattue, et sans parler de ceux qui ont trouvé bon de la défigurer pour en avoir plus facilement raison, il n'a pas manqué de sages esprits qui y ont vu une innovation périlleuse et téméraire.

Quand on l'examine sérieusement et sans parti pris, on ne peut souscrire aux critiques qu'elle a provoquées. Pour nous, non-seulement nous estimons que Fénelon a voulu restituer à l'éloquence de la chaire son vrai caractère en dégageant la parole du prêtre de tous les vains artifices du rhéteur, en la rendant vivante, sincère, personnelle, en lui laissant les ailes de l'inspiration, en la pénétrant de sentiment et d'onction, mais encore nous pensons que si les orateurs chrétiens suivaient le conseil de Fénelon, ils dépouilleraient tous les défauts qu'on peut justement leur reprocher aujourd'hui. Ainsi ce ton faux dans la déclamation, ces sujets qui ne s'appliquent pas à l'auditoire ou qui passent par dessus, ces prétentions aux phrases pompeuses et cadencées, ce luxe désordonné d'images, ces lieux communs éternellement ressassés, toute cette éloquence de convention, qui rend si souvent les sermons sans vie, sans application, sans fruit, tout cela, dis-je, disparaîtrait, si, comme le demande Fénelon, l'orateur au lieu d'écrire à froid dans son cabinet, sous l'empire d'une émotion factice et par conséquent fausse, s'étudiait à parler, à communiquer avec son auditoire, à se mettre dans toute la vérité de sa situation. C'est au fond ce qui distingue actuellement l'éloquence de la tribune et du barreau de celle de la chaire. Dans la chaire, souvent on déclame ou on récite; à la tribune et au barreau on parle. Or, pour convaincre, il faut parler.

La réforme que Fénelon recommande dans la chaire a été appliquée au barreau. Tant que les discours des avocats ont été écrits dans les règles, hérissés de citations et bouffis de lieux communs, ils ont donné lieu aux plus amères critiques, et Racine pouvait écrire les *Plaideurs*. On s'est habitué aujourd'hui au Palais à parler pour être compris et pour convaincre. On s'est accoutumé aux plaidoiries bien préparées mais non écrites, et à l'école du barreau moderne se sont formés depuis soixante ans les orateurs les plus éminents de toutes nos assemblées parlementaires.

Je ne fais pas le procès à la chaire contemporaine qui compte tant d'illustres représentants. Les vrais orateurs de la chaire suivent plus ou moins la méthode de Fénelon. On sait du reste que c'était celle de Bossuet pour ses sermons. C'était celle de Lacordaire. Des orateurs recommandables suivent la méthode contraire et continuent à apprendre par cœur. Il est permis de dire qu'eux-mêmes, et en tout cas la masse des prédicateurs, gagneraient beaucoup en naturel, en onction, en pathétique, ils seraient écoutés avec plus d'intérêt, ils persuaderaient plus aisément, s'ils s'abstenaient de réciter leurs discours et se mettaient plus en contact avec leur auditoire.

On objecte que si l'on n'apprenait pas le sermon, on ne l'écrirait pas, et qu'on donnerait ainsi au peuple une instruction défectueuse, on tomberait dans l'excès, plus funeste encore que tout le reste, des improvisations.

Nul ne songe à recommander en chaire l'improvisation proprement dite. La race des improvisateurs est en général une race de paresseux, de vaniteux et d'ignorants.

Fénelon ne l'entendait pas ainsi.

Voyez quelle préparation il exige du prédicateur. Il le suppose savant, rempli de son sujet, ayant beaucoup de facilité de parler (car, dit-il, vous ne voulez pas que les gens sans talent s'en mêlent), « un homme enfin qui médite fortement tous les principes du sujet qu'il doit traiter, et dans toute leur étendue ; qui s'en fait un ordre dans l'esprit, qui prépare les plus fortes expressions par lesquelles il veut rendre son sujet sensible, qui range toutes ses preuves, qui prépare un certain nombre de figures touchantes. Cet homme sait sans doute tout ce qu'il doit dire, et la place où il doit mettre chaque chose ; il ne lui reste, pour l'exécution, qu'à trouver les expressions communes qui doivent faire le corps du discours. Croyez-vous qu'un tel homme ait de la peine à les trouver ? » Fénelon prévient cette objection toute indiquée : « Il ne les trouvera pas si justes et si ornées qu'ils les aurait trouvées à loisir dans son cabinet. » « Je le crois, dit-il. Mais, selon vous-même, il ne perdra qu'un peu d'ornement ; et vous savez ce que nous devons penser de cette perte, selon les principes que nous avons déjà posés. D'un autre côté, que ne gagnera-t-il pas pour la liberté et pour la force de l'action qui est le principal ! Supposons qu'il se soit beaucoup exercé à écrire, comme Cicéron le demande, qu'il ait lu tous les bons modèles, qu'il ait beaucoup de facilité naturelle ou acquise, qu'il ait un fonds abondant de principes et d'érudition, qu'il ait bien médité tout son sujet, qu'il l'ait bien rangé dans sa tête ; nous devons conclure qu'il parlera avec force, avec ordre, avec abondance. »

Sans doute les conditions qu'exige Fénelon sont difficiles à remplir, mais il n'est pas donné à tout le monde de prétendre au titre d'orateur. Interdira-t-on la prédication à qui ne possède pas toutes ces qualités ? Non certes, et nous verrons les sentiments du grand archevêque sur la prédication commune et ordinaire. Pour en revenir à l'orateur qui n'apprend pas par cœur, Fénelon convient qu'avec sa méthode « ses périodes n'amuseront pas tant l'oreille ; tant mieux, il en sera meilleur orateur. Ses transitions ne seront pas si fines : n'importe ; outre qu'il peut les avoir préparées sans les apprendre par cœur, de plus ces négligences lui seront communes avec les plus éloquents orateurs de l'antiquité, qui ont cru qu'il fallait par là imiter souvent la nature, et ne montrer pas une trop grande préparation. Que lui manquera-t-il donc ? Il fera quelque petite répétition ; mais elle ne sera pas inutile ; non-seulement l'auditeur de bon goût prendra plaisir à y reconnaître la nature qui reprend souvent ce qui le frappe davantage dans un sujet; mais cette répétition imprimera plus fortement les vérités : c'est la véritable manière d'instruire.

« Tout au plus trouvera-t-on dans son discours quelque construction peu exacte, quelque terme impropre, ou censuré par l'Académie, quelque chose d'irrégulier, ou, si vous voulez, de faible et de mal placé, qui lui aura échappé dans la chaleur de l'action. Il faudrait avoir l'esprit bien petit pour croire que ces fautes-là fussent grandes ; on en trouvera de cette nature dans les plus excellents originaux. Les plus habiles d'entre les anciens les ont méprisées. Si nous avions d'aussi grandes vues qu'eux, nous ne serions guère occupés de ces minuties. Il n'y a que les gens qui ne sont pas propres à discerner les grandes choses, qui s'amusent à celles-là. »

Ainsi Fénelon prévient toutes les difficultés, les éclaircit, réduit à néant les objections et laisse pour les esprits réfléchis et expérimentés sa méthode et ses observations sans réplique. La seule réserve qu'il convienne de faire, c'est que les principes de Fénelon ne sont applicables qu'aux hommes de talent, préparés par des études sérieuses et par un heureux naturel au ministère de la parole. Les gens médiocres et peu instruits qui se mêlent ou sont forcés de prêcher feront bien d'écrire et d'apprendre fidèlement leurs sermons, mais encore une fois de tels prédicateurs ne sont pas des orateurs.

C'est donc détourner de leur vrai sens les conseils de Fénelon que de prétendre qu'il réduit toute la prédication à l'improvisation. C'est absolument le contraire.

Fénelon demande pour prêcher une méditation sérieuse des premiers principes, une connaissance étendue des mœurs, la lecture de l'antiquité, de la force de raisonnement et d'action. Il veut qu'on étudie son sujet par une profonde méditation et qu'on prépare les mouvements qui peuvent toucher. Il exige surtout, comme qualité première et indispensable, la connaissance de l'Ecriture sainte : « Il faudrait, dit-il, avoir longtemps étudié et médité les saintes Ecritures, avant que de prêcher. Un prêtre qui les saurait bien solidement et qui aurait le talent de parler, joint à l'autorité du ministère et du bon exemple, n'aurait pas besoin d'une longue préparation pour faire d'excellents discours ; on parle aisément des choses dont on est plein et touché. Surtout une matière comme celle de la religion fournit de hautes pensées et excite de grands sentiments. Voilà ce qui fait la vraie éloquence. »

« Quelle autorité, dit-il ailleurs, aurait un homme qui ne dirait rien de sa propre invention, qui ne ferait que suivre et expliquer les pensées et les paroles de Dieu même. »

Il approuve si peu l'improvisation, que si son système peut paraître excessif, c'est, comme nous l'avons
dit, dans la préparation qu'il exige du prédicateur.
« Il n'est pas temps, dit-il, de se préparer trois mois
avant que de faire un discours public ; ces préparations particulières, quelque pénibles qu'elles soient,
sont nécessairement très-imparfaites , et un habile
homme en remarque bientôt le faible. Il faut avoir
passé plusieurs années à faire un fonds abondant.
Après cette préparation générale, les préparations
particulières coûtent peu ; au lieu que, quand on ne
s'applique qu'à des actions détachées, on est réduit
à payer de phrases et d'antithèses ; on ne traite que
des lieux communs, on ne dit rien que de vague, on
coud des lambeaux qui ne sont point faits les
uns pour les autres ; on ne montre point les vrais
principes des choses, on se borne à des raisons super-
ficielles, et souvent fausses ; on n'est pas capable de
montrer l'étendue des vérités, parce que toutes les
vérités générales ont un enchaînement nécessaire, et
qu'il les faut connaître presque toutes pour en traiter
solidement une en particulier. »

Loin d'excuser les improvisateurs, lui si indulgent
d'ordinaire, si parfaitement désarmé devant la bonne
volonté, se montre impitoyable quand il parle d'eux.
Il stigmatise non pas seulement ceux qui font métier
de prêcher, par intérêt, par ambition (et ils n'étaient
pas malheureusement assez rares au xviiᵉ siècle), et

ne se donnent pas la peine de préparer leurs sermons, mais encore « certains prédicateurs *zélés* qui, sous prétexte de simplicité apostolique, n'étudient solidement ni la doctrine de l'Ecriture, ni la manière merveilleuse dont Dieu nous y a appris à persuader les hommes ; ils s'imaginent, ajoute-t-il, qu'il n'y a qu'à *crier*, et qu'à parler souvent du diable et de l'enfer. Sans doute il faut frapper le peuple par des images vives et terribles ; mais c'est dans l'Ecriture qu'on apprendrait à faire ces grandes impressions. On y apprendrait aussi admirablement la manière de rendre les instructions sensibles et populaires, sans leur faire perdre la gravité et la force qu'elles doivent avoir. Faute de ces connaissances on ne fait souvent qu'étourdir le peuple ; il ne lui reste dans l'esprit guère de vérités distinctes, et les impressions de crainte même ne sont pas durables. Cette simplicité qu'on affecte n'est quelquefois qu'une *ignorance* et une grossièreté qui tente Dieu. Rien ne peut excuser ces gens-là que la droiture de leurs intentions. »

Il faut en prendre son parti et renoncer à ranger Fénelon au nombre de ceux qui encouragent ou approuvent les improvisateurs. Ses principes leur sont contraires, et s'il blâme les prédicateurs qui apprennent et récitent en chaire une leçon, il ne les dispense en aucune façon de savoir ce qu'ils ont à dire et en quel ordre, de quelle manière ils doivent le dire.

Faut-il conclure qu'il bannit de la chaire toute improvisation ? Nous ne le pensons pas. Un esprit aussi juste, aussi réglé que le sien ne pouvait aller jusque-là. Quand un orateur, après s'être fait un fonds solide d'instruction, a acquis une grande habitude de la parole, il peut se laisser aller à l'inspiration qui l'enflamme, à certaines heures privilégiées. Il peut abandonner l'ordre prévu de son discours, la matière méditée et préparée pour céder à l'émotion qui s'empare de lui, au souffle illuminateur qui passe. C'est le moment suprême, l'heure du génie.

On n'est plus alors un homme, on s'élève au-dessus des autres hommes, on les domine, on s'en empare, on les passionne, on les fait frémir d'enthousiasme, on est l'*os magna sonaturum*, « la bouche prédestinée à exprimer les grandes pensées ». Parlez alors, parlez ; les mots afflueront sur votre bouche comme les mouvements jailliront de votre cœur, votre auditoire subjugué, ému, transporté, vous suivra sur les sommets. Son émotion accroîtra la vôtre, il ne fera plus qu'un avec vous, il vous donnera des ailes, du souffle, de la lumière. Des hauteurs où vous planez vous pourrez verser sur lui des flots d'éloquence, flots enivrants comme des torrents d'harmonie. Vous êtes au Sinaï. Vous portez la foudre avec ses grondements majestueux et ses éclairs multipliés. Salut à vous, sublime inspiré, vous êtes à ce moment, le vrai, le puissant, le grand orateur ! Mais ces moments sont rares dans la vie, et il n'y faut pas trop compter.

Dans l'ordre ordinaire des choses, vous suivrez avec fruit le conseil de Fénelon, vous préparerez sérieusement vos discours et vous leur donnerez la vie en ne les récitant pas de mémoire, mais en les revêtant d'une parole animée, naturelle et convaincue.

Le second principe que Fénelon a posé dans ses préceptes oratoires découle du premier. De même qu'il est contraire aux sermons appris et récités par cœur, comme entravant la vie et l'efficacité de la parole, il est « *bien éloigné d'approuver les divisions,* » selon ses propres expressions.

Pour comprendre toute la portée et l'opportunité des idées de Fénelon sur ce point, il faut se rappeler les excès dans lesquels les prédicateurs du xvie et du commencement du xviie siècle étaient tombés, par suite de l'exagération ridicule de la méthode scolastique. Les prédicateurs de ce temps construisaient la charpente d'un discours selon des règles qu'on dirait empruntées aux sciences mathématiques. Chacune des trois divisions principales avait trois subdivisions, les quelles étaient partagées à leur tour en trois distinctions, et les trois distinctions se morcelaient en sous-distinctions. On réagit, au xviie siècle, contre et cordre savant et compliqué, mais si l'on n'alla plus aux infiniment petits, on conserva les lignes principales, secondaires et tertiaires.

La Bruyère s'est exprimé ainsi sur cet abus : « Les prédicateurs ont toujours, d'une nécessité indispensable et géométrique, trois sujets admirables de vos attentions ; ils prouvent une telle chose dans la première partie de leur discours, cette autre dans la seconde partie, et cette autre encore dans la troisième ; ainsi vous serez convaincu d'abord d'une certaine vérité, et c'est leur premier point, d'une autre vérité et c'est leur second point, et puis d'une troisième vérité, et c'est leur troisième point ; de sorte que la première réflexion vous instruira d'un principe des plus fondamentaux de notre religion, la seconde d'un principe qui ne l'est pas moins, et la dernière réflexion d'un troisième et dernier principe le plus important de tous, qui est remis pourtant, faute de loisir, à une autre fois ; enfin pour reprendre et abréger cette division et former un plan.... « Encore ! dites-vous, et quelles préparations pour un discours de trois quarts d'heure qui leur reste à faire ! plus ils cherchent à le digérer et à l'éclaircir, plus ils m'embrouillent. » Je vous crois sans peine ; et c'est l'effet le plus naturel de tout cet amas d'idées qui reviennent à la même, dont ils chargent sans pitié la mémoire de leurs auditeurs. Il semble, à les voir s'opiniâtrer à cet usage, que la grâce de la conversion soit attachée à ces énormes partitions. »

Les érudits au courant de la littérature sacrée des xve et xvie siècles, et même du xviie, reconnaîtront que ce tableau n'a rien de forcé. On pourrait multiplier ici les citations. Mais à quoi bon ? Il suffit d'ouvrir un des nombreux sermonnaires de cette époque.

On conçoit que Fénelon se soit élevé contre cet abus, au nom du bon sens, de la dignité de la chaire et de l'intérêt des auditeurs. Mais il n'a pas proscrit, comme quelques-uns ont osé le conclure, le principe des divisions. Evidemment il faut des divisions à un sujet, quelqu'il soit. Fénelon le dit lui-même : « Quand on divise, il faut diviser simplement, naturellement ; il faut que ce soit une division qui se trouve tout-à-fait dans le sujet même ; une division qui éclaircisse, qui range les matières, qui se retienne aisément, et qui aide à retenir tout le reste, enfin une division qui fasse voir la grandeur du sujet. »

Ce vœu est inspiré par la sagesse même. Ce que otre maître réprouve, c'est la manie des divisions pédantes et systématiques. Il a raison de dire qu'elles ne mettent dans le discours qu'un ordre apparent, « qu'elles le dessèchent et le gênent, » « elles le coupent en deux ou trois parties qui interrompent l'action de l'orateur et l'effet qu'elle doit produire ; il n'y a plus d'unité véritable, ce sont deux ou trois discours différents qui ne sont unis que par une liaison arbitraire. » En vain lui objecte-t-on que sans divisions il y aurait confusion dans le discours, qu'elles soulagent l'esprit et la mémoire de l'auditeur, il a réponse à tout.

D'abord y a-t-il confusion dans les harangues de Démosthènes et de Cicéron, dans les sermons des Pères de l'Eglise qui n'ont point employé cette méthode. On ne peut nier qu'elle ne soit d'invention très-moderne puisqu'elle nous vient de la scolastique.

Mais l'ordre ? — Sans doute il faut un ordre, « mais un ordre qui ne soit point promis et découvert dès le commencement du discours. Cicéron dit que le meilleur, presque toujours, est de le cacher, et d'y mener l'auditeur sans qu'il s'en aperçoive. Il dit même en termes formels qu'il doit cacher jusqu'au nombre de ses preuves, en sorte qu'on ne puisse les compter, quoiqu'elles soient distinctes par elles-mêmes, et qu'il ne doit point y avoir de division du discours clairement marquée. Mais la grossièreté des derniers temps est allée jusqu'à ne point connaître l'ordre d'un discours, à moins que celui qui le fait n'en avertisse dès le commencement, et qu'il ne s'arrête à chaque point. »

Fénelon, en simplifiant les divisions, en en supprimant l'étalage inutile, ne veut pas porter atteinte à l'ordre du discours. Il veut que les divisions soient moins annoncées et plus observées, qu'elles découlent naturellement du discours et ne paraissent pas le commander. Il ne manque pas en effet de prédicateurs qui annoncent pompeusement des divisions qui sont purement pour la forme et qui n'ont aucune réalité, ou bien qui font deux ou trois sermons distincts, ou qui composent leur sujet, non d'après l'ordre rationnel et méthodique, mais d'après les divisions arrêtées d'avance.

Cependant c'est l'usage universel, et il peut paraître téméraire de l'enfreindre.

Il est vrai que les anciens ne divisaient pas et c'étaient des maîtres en éloquence.

« On ne divisait pas un discours, dit Fénelon, mais on y distinguait soigneusement toutes les choses qui avaient besoin d'être distinguées ; on assignait à chacune sa place, et on examinait attentivement en quel endroit il fallait placer chaque chose pour la rendre plus propre à faire impression. Il doit y avoir pourtant un enchaînement de preuves ; il faut que la première prépare à la seconde, et que la seconde soutienne la première. » Et pour appuyer son raisonnement, notre maître donne en quelques lignes le modèle d'un sermon parfait. Toutes ses paroles ici sont d'or, et demanderaient à être méditées à fond par ceux qui se livrent à la prédication.

« On doit d'abord, dit-il, montrer en gros tout son sujet, et prévenir favorablement l'auditeur par un début modeste et insinuant, par un air de probité et de candeur. Ensuite on établit les principes ; puis on pose les faits d'une manière simple, claire et sensible, appuyant sur les circonstances dont on devra se servir bientôt après. Des principes, des faits, on tire les conséquences ; et il faut disposer le raisonnement de manière que toutes les preuves s'entr'aident pour être facilement retenues. On doit faire en sorte que le discours aille toujours croissant, et que l'auditeur sente de plus en plus le poids de la vérité ; alors il faut déployer les images vives et les mouvements propres à exciter les passions. Pour cela il faut connaître la liaison que les passions ont entre elles ; celles qu'on peut exciter d'abord plus facilement, et qui peuvent servir à émouvoir les autres ; celles enfin qui peuvent produire les plus grands effets, et par les quelles il faut terminer le discours. Il est souvent à propos de faire à la fin une récapitulation qui recueille en peu de mots toute la force de l'orateur, et qui remet devant les yeux tout ce qu'il a dit de plus persuasif. »

Un discours conçu et exécuté selon ce plan pourrait en effet se passer de divisions indiquées, elles s'y trouveraient d'elles-mêmes et y maintiendraient l'ordre le plus exact parce qu'il serait le plus naturel.

Que conclure des observations de Fénelon sur les divisions ? Qu'il n'en faut plus faire ? Telle n'est pas sa pensée, ni la nôtre. Il faudrait opérer une révolution dans la manière de prêcher si l'on voulait, je ne dis pas abolir les divisions, ce qui est impossible et contraire à l'ordre même des choses, mais même s'abstenir de mentionner les principales. Lui-même, Fénelon, n'a pas été jusque-là. Dans le peu de discours que nous possédons de lui, il y a toujours deux divisions ou deux pensées annoncées. Il propose son sujet et manifeste les points de vue généraux sous lesquels il l'envisagera. Dans ses entretiens sur divers sujets de piété, il va même jusqu'à trois points. Ses plans de sermons sont également divisés avec soin. Mais il se borne à des énumérations générales. Il s'abstient des sous-divisions, à plus forte raison des distinctions. C'est là, je crois, ce qu'il convient d'imiter. Il faut maintenir et indiquer les grandes lignes du discours et ne pas donner aux lignes secondaires l'appareil géométrique qui constitue l'excès des divisions.

On citera des exemples contraires, principalement les sermons de Bourdaloue. Mais tout admirables qu'ils sont, ces sermons n'exciteraient certainement plus aujourd'hui l'enthousiasme qu'ils inspiraient au XVIIe siècle. Il n'est pas bien certain même que nos auditoires modernes seraient capables de les supporter jusqu'au bout. Et puis ce ne sont pas les divisions et les sous-divisions qui font leur mérite. Il est ailleurs, dans la force de la doctrine, dans la pureté du style, dans la puissance du raisonnement, dans le choix des pensées et des mots.

Quelque soit le jugement que l'on porte sur l'opinion de Fénelon, on ne peut méconnaître le service qu'il a rendu en contribuant à faire disparaître des sermons l'abus des divisions qu'on a si justement reproché à la chaire du xvie et de la première moitié du xviie siècle.

Fénelon n'a eu garde de négliger dans ses préceptes la partie principale de l'éloquence : l'action, et s'il professe à ce sujet les idées de tout le monde, il sait leur donner un tel relief, et une forme si heureuse, qu'on ne peut guère trouver de traité didactique plus parfait, sur ce point, du moins.

On connaît ce mot du grand orateur de l'antiquité auquel on demandait quelle était la première qualité de l'éloquence. — L'action ! répondit-il. — Et la seconde ?— L'action !—Et la troisième ?—L'action ! toujours l'action.

Sans prendre ces paroles trop à la lettre, on doit reconnaître que l'action tient une place prépondérante dans la prédication. C'est elle qui rend les choses sensibles, qui a le pouvoir d'animer la parole, d'attirer et de fixer l'attention. L'homme étant doué de sens, il faut agir sur eux pour les gouverner, et pénétrer par le corps jusqu'au fond de l'âme. Telle est même l'influence de l'action qu'un prédicateur qui la possède fera que les choses les plus communes seront écoutées avec plus d'intérêt et de fruit que les plus sublimes enseignements débités par un orateur dépourvu d'action.

Saint François de Sales s'écriait avec raison : « Dites merveille, ne le dites pas bien, ce n'est rien. Dites peu et bien, c'est beaucoup. » Tous les conseils de l'archevêque de Cambrai sur l'action peuvent se réduire à cette parole : « Soyez naturels. » C'est au fond toute sa pensée sur l'éloquence.

Il convient d'abord que la vue d'une grande assemblée, et l'importance du sujet qu'on traite, doivent animer beaucoup plus un homme que s'il était dans une simple conversation. Mais il se hâte d'ajouter : « En public comme en particulier, il faut qu'il agisse toujours naturellement ; il faut que son corps ait du mouvement quand ses paroles en ont, et que son corps demeure tranquille quand ses paroles n'ont rien que de doux et de simple. Rien ne me semble si choquant et si absurde que de voir un homme qui se tourmente pour me dire des choses froides ; pendant qu'il sue, il me glace le sang…. La plupart des déclamateurs sont pour le geste comme pour la voix ; leur voix a une monotonie perpétuelle, et leur geste une uniformité qui n'est ni moins ennuyeuse, ni moins éloignée de la nature, ni moins contraire au fruit qu'on pourrait attendre de l'action. » Cette dernière observation ne s'applique, hélas ! que trop fidèlement à la plupart des prédicateurs. Les siècles s'écoulent, les défauts restent, et les plaintes de Fénelon sont toujours vérifiées.

« Ils ne discernent point les choses où il faut s'animer ; ils s'épuisent sur des choses communes, et sont réduits à dire faiblement celles qui demanderaient une action véhémente. » Il combat ce genre faux et intempérant. Sans doute « dans certains endroits vifs, il faut parler plus vite ; mais parler avec précipitation, et ne pouvoir se retenir est un grand défaut. Il y a des choses qu'il faut appuyer. Il en est de l'action et de la voix comme des vers ; il faut quelquefois une mesure lente et grave qui peigne les choses de ce caractère, comme il faut quelquefois une mesure courte et impétueuse pour signifier ce qui est vif et ardent. Se servir toujours de la même action et de la même mesure de voix, c'est comme qui donnerait le même remède à toutes sortes de malades. » C'est le bon sens qui parle par la bouche de notre maître, mais qu'y a-t-il de plus rare que le bon sens mis en pratique ?

Si l'on observait cette mesure dans l'action, on arriverait plus facilement aux grands effets. Fénelon le dit délicieusement :

« Plus l'action et la voix paraissent simples et familières dans les endroits où l'on ne fait qu'instruire, que raconter, que s'insinuer, plus préparent-elles de surprise et d'émotion pour les endroits où elles s'élèveront à un enthousiasme soudain. *C'est une espèce de musique ; toute la beauté consiste dans la vérité des tons*, qui haussent ou qui baissent selon les choses qu'ils doivent exprimer. »

Que cette comparaison est ingénieuse et juste ! c'est parce qu'ils ne connaissent pas la vérité et la variété des tons que tant de prédicateurs fatiguent par leur monotonie ou blessent l'oreille par leur déclamation fausse et outrée. Toute la réforme qu'on peut demander à l'action moderne de la chaire est là. Fénelon va d'ailleurs développer sa pensée et mettre le doigt sur la plaie :

« Tout l'art des bons orateurs, dit-il, ne consiste qu'à observer ce que la nature fait quand elle n'est point retenue. Ne faites point comme ces mauvais orateurs *qui veulent toujours déclamer, et ne jamais parler à leurs auditeurs.* » C'est ici le point capital. Il faut parler et non déclamer. Voilà un avis qu'on devrait répéter sans cesse, sous toutes les formes, crier sur les toits, écrire sur tous les murs de nos séminaires, et redire dans toutes les classes de rhétorique sans se lasser jamais, car rien n'est plus utile ni plus urgent au point de vue de la véritable éloquence. C'est avec une sagesse manifeste que Fénelon ajoute : « Il faut que chacun de vos auditeurs s'imagine que vous parlez à lui en particulier. Voilà à quoi servent les tons naturels, familiers et insinuants. Il faut, à la vérité, qu'ils soient toujours graves et modestes ; il faut même qu'ils deviennent puissants et pathétiques dans les endroits où le discours s'élève et s'échauffe. N'espérez pas exprimer les passions par le seul effort de la voix ; beaucoup de gens, en criant et en s'agitant, ne font qu'étourdir. Pour réussir à peindre les passions, il faut étudier les mouvements qu'elles inspirent.

« Par exemple : remarquez ce que font les yeux, ce

que font les mains, ce que fait tout le corps, et quelle est sa posture ; ce que fait la voix d'un homme quand il est pénétré de douleur, ou surpris à la vue d'un objet étonnant. Voilà la nature qui se montre à vous, vous n'avez qu'à la suivre. Si vous employez l'art, cachez-le si bien par l'imitation, qu'on le prenne pour la nature même. Mais, à dire le vrai, il en est des orateurs comme des poëtes qui font des élégies ou d'autres vers passionnés. Il faut sentir la passion pour la bien peindre ; l'art, quelque grand qu'il soit, ne parle point comme la passion véritable. Ainsi vous serez toujours un orateur très-imparfait, si vous n'êtes pénétré des sentiments que vous voulez peindre et inspirer aux autres. »

On trouve dans cette page la moëlle de la rhétorique sacrée ; elle suffirait à qui s'en pénétrerait bien pour arriver à la véritable action.

Fénelon a émis aussi les plus sages conseils et les idées les plus pratiques sur le choix des sujets dans la prédication. Il était de ceux qui pensent que « la véritable manière de prouver la vérité de la religion est de la bien expliquer. Elle se prouve par elle-même, quand on en donne la vraie idée. Toutes les autres preuves, qui ne sont pas tirées du fond et des circonstances de la religion même, lui sont comme étrangères. » L'expérience démontre chaque jour la profondeur et la vérité de cette observation. Bossuet l'avait déjà exprimée, et l'avait mise en pratique dans son admirable livre de l'Exposition de la doctrine catholique, saint Augustin avait eu la même pensée et le même succès en l'exécutant, et Tertullien avait donné à tous l'exemple de la sûreté et de l'efficacité de cette méthode. De nos jours les meilleurs ouvrages qui aient été écrits sur la religion sont au fond les expositions claires et complètes du dogme catholique. De tels livres sont sans réplique : « il ne faut à un homme sage et sans passion que les lire pour en sentir la vérité. »

Fénelon voulait donc qu'un prédicateur expliquât toute la religion, qu'il la développât d'une manière sensible, qu'il montrât l'institution des choses, qu'il en marquât la suite et la tradition, « qu'en montrant ainsi l'origine et l'établissement de la religion il détruisît les objections des libertins sans entreprendre ouvertement de les attaquer, de peur de scandaliser les simples fidèles. »

Cette remarque a son prix. Il y a des vérités qu'on affaiblit en voulant trop les prouver, et il y a des erreurs qu'on insinue dans les esprits en cherchant à les combattre. On ne peut avoir la prétention dans un sermon de trois quarts d'heure de couler à fond les grandes thèses théologiques ni les systèmes et les objections qui leur sont opposés : « Qui donc nous délivrera, a dit un saint prêtre dont l'expérience égalait le zèle, qui nous délivrera des prédicateurs qui en veulent toujours aux incrédules ? des sermons à l'adresse des incrédules ? Ils font beaucoup de mal et très-peu de bien. Il y a là une maladresse et une erreur. A force de parler d'incrédulité aux hommes, on finira par les rendre incrédules, absolument comme on hébète quelqu'un à force de lui répéter qu'il n'a pas d'esprit. Et puis aux yeux du peuple quel coup contre le Christianisme que de lui donner à entendre qu'une notable partie des esprits cultivés osent contester sa divine origine. N'est-ce pas lui suggérer la tentation de devenir incrédule aussi, en si nombreuse et si belle compagnie ? »

A quoi servent d'ailleurs la plupart du temps toutes ces fameuses argumentations philosophiques ou autres en chaire ? Passez une heure à établir par, exemple, l'existence de Dieu, ou contentez-vous d'énoncer en quelques mots cette vérité gravée au fond de toutes les âmes, vous arriverez au même résultat. Je me trompe. Vous énoncez cette vérité évidente, nul ne songe à la contester. Vous voulez la prouver, la prouver encore, forcer les impies à baisser la tête et à confesser leur stupidité, vous amenez un résultat tout opposé. Le cœur humain est ainsi fait. Vous semerez des doutes et provoquerez des révoltes.

Fénelon voyait juste en conseillant de ne pas entreprendre de tels sujets, de peur de scandaliser les simples fidèles.

On se souvient de son premier principe en éloquence : Il faut enseigner et toucher pour rendre meilleur. Il trace un plan vraiment parfait d'enseignement quand il dit que le prédicateur devrait « expliquer assidûment et de suite au peuple, outre tout le détail de l'Evangile et des mystères, l'origine et l'institution des sacrements, les traditions, la discipline, l'office et les cérémonies de l'Eglise ; par là, on prémunirait les fidèles contre les objections des hérétiques ; on les mettrait en état de rendre raison de leur foi, et de toucher même ceux d'entre les hérétiques qui ne sont point opiniâtres. Toutes ces instructions affermiraient la foi, donneraient une haute idée de la religion et feraient que le peuple profiterait pour son éducation de tout ce qu'il voit dans l'église ; au lieu qu'avec l'instruction superficielle qu'on lui donne, il ne comprend presque rien de tout ce qu'il voit, et il n'a même qu'une idée très-confuse de ce qu'il entend dire au prédicateur. C'est principalement à cause de cette suite d'instructions que je voudrais que des gens fixes, comme les pasteurs, prêchassent dans chaque paroisse. J'ai souvent remarqué qu'il n'y a ni art ni science dans le monde que les maîtres n'enseignent de suite par principes et avec méthode ; il n'y a que la religion qu'on n'enseigne point de cette manière aux fidèles. On leur donne dans l'enfance un petit catéchisme sec, et qu'ils apprennent par cœur sans en comprendre le sens ; après quoi ils n'ont plus pour instruction que des sermons vagues et détachés. Je voudrais qu'on enseignât aux chrétiens les premiers éléments de leur religion, et qu'on les menât avec ordre jusqu'aux plus hauts mystères.

« C'est ce que l'on faisait autrefois. On commençait par les catéchismes, après quoi les pasteurs enseignaient de suite l'Evangile par les homélies. Cela faisait des chrétiens très-instruits de toute la parole de Dieu. C'étaient les plus grands hommes qui étaient employés à ces instructions ; aussi produisaient-elles des fruits merveilleux et qui nous paraissent maintenant presque incroyables. »

Fénelon a rendu un service signalé à la religion en insistant sur cette nécessité de revenir en chaire à l'instruction et à l'Evangile. Il est vrai qu'il n'a pas été écouté de son temps et que ses conseils n'ont guère été mis en pratique après sa mort.

On connaît cette plainte éloquente et trop justifiée du cardinal Maury qui est autant une page d'histoire qu'un vigoureux réquisitoire contre un abus qui n'a malheureusement pas encore entièrement disparu :

« Les grands sujets, disait Maury, de cette belle et solide instruction chrétienne, si bien indiquée par l'Eglise dans l'ordre annuel et la distribution des évangiles, ces sujets si importants, si féconds, si riches pour l'éloquence, et sans lesquels la morale, dépourvue de l'appui d'une sanction divine et deshéritée de l'autorité vengeresse d'un Juge suprême, n'est plus qu'une théorie idéale et un système purement arbitraire qu'on adopte ou qu'on rejette à son gré ; ces sujets magnifiques, dis-je, furent plus ou moins mis à l'écart par les orateurs chrétiens qui composèrent malheureusement avec le mauvais goût, et qui, en s'égarant dans ces nouvelles régions, renoncèrent d'eux-mêmes aux plus grands avantages et aux droits les plus légitimes de leur ministère.

« Tout fut bientôt mêlé en ce genre, et dès lors tout fut corrompu. On ne put sanctifier la philosophie : on sécularisa pour ainsi dire la religion.

« L'ancienne et belle manière des grands maîtres qui avaient créé une école si révérée et si illustre, fut remplacée par le bel esprit, par le philosophisme, par le mauvais goût, par le jargon de la métaphysique, par la manie de réduire toute la morale à la bienfaisance, mot nouveau, dont on fit, pour ainsi dire, le sobriquet de la charité. On s'efforça de traiter philosophiquement les sujets chrétiens, et chrétiennement les sujets philosophiques en les ralliant ou en les suspendant, le mieux qu'on pût, à l'étendard de la religion.

« On prêchait alors, je m'en souviens avec douleur, sur les petites vertus, sur le demi-chrétien, sur le luxe, sur l'honneur, sur l'égoïsme, sur l'antipathie, sur l'amitié, sur l'amour paternel, sur la société conjugale, sur la pudeur, sur les vertus sociales, sur la compassion, sur les vertus domestiques, sur les dispensations des bienfaits, etc., enfin sur la sainte agriculture ; et on aurait pu suivre un Carême entier, des prédicateurs à la mode, sans entendre jamais parler des quatre fins de l'homme, du délai de la conversion, d'aucune homélie, d'aucun sacrement, d'aucun précepte du Décalogue, d'aucune loi de l'Eglise, d'aucun mystère et d'aucun péché mortel. Bossuet lui-même avec tout son génie ne serait jamais parvenu à faire un vrai et beau sermon chrétien sur de pareilles matières. Ces instructions étaient si bizarres que, lorsqu'on arrivait après l'exorde pour assister à un sermon, je l'ai souvent éprouvé, il fallait attendre l'énonciation du second point pour deviner l'énigme et connaître l'objet du discours qu'on entendait. Ce fut après avoir subi le dégoût mortel d'un sermon de ce genre que le grave et vénérable Père de la Valette, général de l'Oratoire, interrogé sur le jugement qu'il portait de l'esprit du prédicateur, répondit avec autant de goût que de raison : « Je ne sais s'il faut avoir beaucoup d'esprit pour composer un pareil discours ; mais il me semble que c'est en montrer bien peu et n'avoir aucun bon sens que de le prêcher dans une église. »

Combien étaient légitimes et opportunes les appréhensions de Fénelon ! Et que ses principes, s'ils avaient été suivis, eussent épargné d'abus à la chaire du xviiie siècle ! C'est son honneur d'avoir indiqué, d'une main sûre, la véritable voie aux orateurs chrétiens. C'est notre devoir de rappeler ses conseils toujours utiles et de chercher à les faire mettre en pratique par ceux qui ont à cœur la dignité et l'efficacité de la parole sainte.

Oui, disons-le bien haut après lui, il faut revenir en chaire à l'Evangile, à l'enseignement des vérités premières, aux catéchismes, à tout ce qui peut instruire solidement l'esprit, toucher et convertir le cœur.

Il faut renoncer aux thèses philosophico-religieuses, aux sujets sociaux, qui ne peuvent être traités qu'en de rares circonstances, dans les auditoires des grandes cathédrales, par des conférenciers spéciaux. Bannissons de nos églises toutes ces œuvres de rhétorique, toutes ces vaines déclamations qui ne servent qu'à nourrir la vanité de l'orateur.

Saint Vincent de Paul a admirablement caractérisé ces sortes de discours : « Qu'est-ce que toute cette fanfare, s'écriait-il ? Quelqu'un veut-il montrer qu'il est bon rhétoricien, bon théologien ? Chose étrange ! Il en prend mal le chemin. Peut-être qu'il sera estimé de quelques personnes qui n'y entendent guère ; mais pour acquérir l'estime des sages et la réputation d'un homme fort éloquent, il faut savoir persuader ce qu'on veut que l'auditoire embrasse, et le détourner de ce qu'il faut qu'il évite. Or, cela ne consiste pas à trier ses paroles, à bien agencer les périodes, à exprimer d'une manière peu commune la subtilité de ses conceptions et à prononcer son discours d'un ton élevé, d'un ton de déclamation qui passe bien haut par dessus. Ces sortes de prédicateurs obtiennent-ils leur fin ? Persuadent-ils fortement l'amour de la piété ? Le peuple est-il touché et court-il après la pénitence? Rien moins, rien moins. Et voila cependant les prétentions de ces grands orateurs! Voici leur prétention; acquérir de la réputation, faire dire au monde : « Vraiment cet homme débite bien, il est éloquent, il a de belles pensées, il les exprime agréablement. » Voilà à quoi se réduit tout le fruit de leur sermon. Vous montez donc en chaire, non pas pour prêcher Dieu, mais vous-même, et vous vous servez (oh ! quel crime !) d'une chose aussi sainte que la parole de Dieu pour nourrir et fomenter votre vanité! Oh ! divin Sauveur ! » Ce saint prêtre avait sur la prédication les mêmes idées que Fénelon. Sa méthode, comme celle de l'archevêque de Cambrai, visait *au naturel* et à la simplicité. « Comme les beautés naturelles, disait-il, ont bien plus d'attraits que les artificielles et les fardées, de même les discours simples et communs sont mieux reçus et trouvent une plus favorable entrée dans les esprits que ceux qui sont affectés et artificieusement parés. » Quand il entendait quelqu'un des siens s'épuiser en efforts pour faire du brillant et du nouveau : « Croyez-moi, Monsieur, disait-il, étudiez-vous à prêcher comme Jésus-Christ. Ce divin Sauveur pouvait, s'il l'eut voulu, dire des merveilles de nos plus relevés mystères, avec des conceptions et des termes qui leur fussent proportionnés, étant lui-même le Verbe et la Sagesse du Père Eternel ; et néanmoins nous savons de quelle manière il a prêché, simplement et humblement pour s'accommoder au peuple et nous donner le modèle et la façon de traiter sa sainte parole. »

Il est remarquable que les plus beaux génies du Christianisme se soient tous accordés sur ce point. Fénelon émet sur l'éloquence de la chaire les mêmes idées que saint Vincent de Paul, saint François de Sales et saint Augustin. Il y a, sur la Rhétorique sacrée, dans les œuvres de l'évêque d'Hippone et celles de l'archevêque de Cambrai, des passages qu'on dirait copiés textuellement. Cela se conçoit. Ces grands hommes puisaient à la même source leur sagesse et leurs conseils.

Les laïques mêmes, ceux qui étaient doués d'un sens exquis, se sont rencontrés avec les hommes apostoliques, en parlant de la chaire, sur le terrain des mêmes sentiments.

Au temps de Fénelon, La Bruyère lui faisait écho. Tout son chapitre sur la chaire respire les pensées maîtresses de l'archevêque de Cambrai. Avec quelle verve il stigmatise les déclamateurs ! Il faudrait tout citer de ces pages étincelantes de bon sens et d'esprit. Il nous parle d'un saint prêtre qui avait voulu mettre en pratique les conseils de saint Vincent de Paul et de Fénelon, et prêcher à l'apostolique.

« Où il a prêché, dit-il, les paroissiens ont déserté,

jusqu'aux marguilliers ont disparu. Les pasteurs ont tenu ferme, mais les ouailles se sont dispersées et les orateurs voisins en ont grossi leur auditoire. Je devais le prévoir et ne pas dire qu'un tel homme n'avait qu'à se montrer pour être suivi, et qu'à parler pour être écouté. Ne savais-je pas quelle est dans les hommes, et en toutes choses, la force indomptable de l'habitude? Depuis trente années on prête l'oreille aux rhéteurs, aux déclamateurs, aux énumérateurs, on court ceux qui peignent en grand ou en miniature. Il n'y a pas longtemps qu'ils avaient des chutes et des transitions ingénieuses, quelquefois même si vives et si aiguës qu'elles pouvaient passer pour épigrammes. Ils les ont adoucies, je l'avoue, et ce ne sont plus que des madrigaux. *Le commun des hommes aime les phrases et les périodes, admire ce qu'il n'entend pas,* se suppose instruit, content de décider entre un premier et un second point, où entre le dernier sermon et le pénultième. »

Cela nous rappelle une page des *Mémoires* de Mme Roland, qui revient parfaitement à notre sujet. Cette femme, à laquelle on ne peut refuser une haute culture intellectuelle, raconte qu'elle fut entendre l'abbé de B... : « C'était un petit homme, dit-elle, d'une voix puissante, déclamant avec une violence extraordinaire. Il débitait des choses communes du ton d'un inspiré ; il les appuyait de gestes si terribles, qu'il persuadait à beaucoup de gens qu'elles étaient belles.

« Je ne savais pas encore (ajoute t-elle entre parenthèses) aussi bien que je l'ai appris depuis, *que les hommes réunis en nombre ont plutôt de grandes oreilles qu'un grand sens*, que les étonner, c'est les séduire, et que qui veut bien prendre l'autorité de les commander, les dispose à obéir... Mais je n'oublierai jamais un homme du commun, planté droit en face de la chaire où s'agitait B..., les yeux fixés sur l'orateur, la bouche béante, laissant échapper involontairement l'expression de son admiration stupide dans ces trois mots que j'ai bien recueillis : comme il sue !

« Voilà donc le moyen d'en imposer aux sots ! Que Phocion, étonné de se voir applaudir dans une assemblée du peuple, avait raison de demander à ses amis s'il n'avait point dit quelque sottise. »

De tels faits ne sont pas inutiles à rappeler. On se préoccupe trop de l'opinion publique, et c'est pour se la rendre favorable que tant de gens, d'ailleurs bien doués, sacrifient à la mode et au mauvais goût. Fénelon le disait bien. En parlant des déclamateurs, il reconnaît « qu'ils sont applaudis par des femmes et par le *gros du monde*, qui se laissent aisément éblouir ; mais cela ne va jamais qu'à une certaine vogue capricieuse, qui a besoin même d'être soutenue par quelque cabale. Les gens qui savent les règles, et qui connaissent le but de l'éloquence n'ont que du dégoût et du mépris pour ces discours en l'air. » Ces

gens là sont malheureusement rares et ne font pas
l'opinion. Il y a un autre suffrage plus précieux dont
on doit se mettre en peine, en éloquence comme en
toutes choses, c'est celui de la conscience. Et Fénelon couronne dignement ses conseils en répétant ces
belles paroles de saint Jérôme à Népotien : « Quand
vous enseignerez dans l'église, n'excitez point les
les applaudissements, mais les gémissements du
peuple. Que les larmes de vos auditeurs soient vos
louanges. Il faut que les discours d'un prêtre *soient
pleins de l'Ecriture sainte*. Ne soyez pas déclamateur, mais un vrai docteur des mystères de Dieu. »

Nous avons vu, dans le paragraphe relatif à la
science de Fénelon, le cas qu'il faisait de l'étude de
l'Écriture pour la prédication, et nous avons suffisamment indiqué dans ce chapitre que c'est à cette
source divine qu'il veut que puisent les orateurs sacrés. Il regrette le temps « où les pasteurs ne par-
laient jamais au peuple de leur propre fonds, mais ne
faisaient qu'expliquer les paroles du texte de l'Écriture, et tout en admettant que les besoins ou le goût
des siècles aient pu modifier cette excellente méthode,
il recommande de choisir toujours dans l'Écriture
« les paroles qui contiennent les vérités les plus importantes et les plus proportionnées aux besoins du
peuple, » et il ajoute :

« Qu'un homme a mauvaise grâce de vouloir faire
l'inventif et l'ingénieux, lorsqu'il devrait parler avec

toute la gravité et l'autorité du Saint-Esprit, dont il emprunte les paroles ! »

C'est que, et nous avons.hâte de le dire, Fénelon ne considérait pas l'éloquence sacrée comme un art purement humain. Il veut qu'on tienne grand compte dans la prédication de l'élément surnaturel, et il résume sa pensée dans cette phrase déjà citée : « Le ministère de la parole est tout fondé sur la foi. Il faut prier, il faut purifier son cœur, il faut tout attendre du ciel, il faut s'armer du glaive de la parole de Dieu, et ne compter point sur la science; voilà la préparation essentielle. »

Il est on ne peut plus formel sur ce point : « C'est évacuer la croix du Sauveur que de se fonder sur la sagesse et l'éloquence humaine en prêchant. » A ce propos, il fait une excellente dissertation sur la prédication apostolique qui n'a été fondée ni sur le raisonnement, ni sur la persuasion humaine, mais dont toute la force venait d'en haut. Il rappelle que la conversion du monde entier devait être, selon les prophètes, le grand miracle du christianisme, et que cette œuvre devait avoir le caractère divin de n'être fondée sur rien d'estimable selon la chair. « Il fallait que l'Évangile, sans préparation humaine, s'ouvrît lui-même les cœurs et qu'il apprît au monde, par ce prodige, qu'il venait de Dieu. » Il a soin de faire remarquer que les apôtres n'ont point cherché la vaine pompe et les grâces frivoles des orateurs païens ; ils ne se sont point attachés aux raisonnements subtils des philosophes , ils se sont contentés de prêcher Jésus-Christ avec toute la force et toute la magnificence du langage de l'Écriture ; mais il observe aussitôt qu'on ne saurait compter, pour la prédication ordinaire, sur un miracle perpétuel : « La différence, dit-il, qu'il y a entre les apôtres et leurs successeurs est que leurs successeurs n'étant pas inspirés miraculeusement comme eux, ont besoin de se préparer et de se remplir de la doctrine et de l'esprit des Ecritures pour former leurs discours. » « Et quoique le fruit intérieur de l'Évangile ne soit dû qu'à la pure grâce et à l'efficace de la parole de Dieu, il y a pourtant certaines choses que l'homme doit faire de son côté. »

Cela est l'évidence même.

Le talent personnel a sa part d'action dans l'efficacité de la prédication, et nul ne peut en méconnaître la portée. Seulement, quand ce talent n'est plus uni à la piété, à la foi, à la mission légitime, quand l'éloquence n'est plus au service de la vérité, elle devient ce vain son dont parle l'apôtre, cette cymbale retentissante dont le bruit se perd dans les airs et s'évanouit au souffle des caprices humains. Nous en avons vu de ces éloquents qui, devenus infidèles à leur mission, ont agité le monde d'un bruit stérile. Leur voix, parce qu'elle n'était plus le canal légitime de la vérité, s'est éteinte dans le vide. L'histoire de l'Église, et au besoin l'histoire de notre temps, nous en fournit d'impérissables exemples. Les hommes de peu de foi tremblent à ces défections et s'inquiètent pour le sort de la vérité. Quelle faiblesse !

Avez-vous admiré, dans le calme d'un beau soir d'automne, ces étoiles brillantes qui projettent au firmament leur lumière douce et radieuse ? Tout à coup un de ces astres, le plus éclatant peut-être, se détache de son groupe, et décrivant une courbe rapide, glisse et se fond en quelque sorte dans la nuit. L'œil attristé le suit quelques instants dans sa chûte, puis embrassant l'immensité, il retrouve le ciel aussi serein, aussi brillant et aussi pur. L'étoile a disparu, la lumière demeure, qui répand sur le monde son immuable clarté !...

Concluons donc avec Fénelon : « Nous devons tout à Dieu, » mais ne l'oublions pas non plus, « Dieu nous assujettit à un ordre extérieur de moyens humains. » Reconnaissons l'œuvre de la grâce, les secours surnaturels dans l'œuvre de la prédication, mais préparons-nous, instruisons-nous, multiplions nos efforts personnels, comme si de nos efforts et de notre préparation devait dépendre le succès de notre parole.

Nous avons une dernière réflexion à présenter au sujet des préceptes de l'éloquence de Fénelon. En repassant les conseils qu'il donne au prédicateur et les qualités diverses, les études approfondies, la longue préparation qu'il exige d'eux, on serait tenté de croire que Fénelon ne permet la prédication qu'aux hommes d'élite, à quelques rares sujets doués particulièrement par la nature. Au premier abord, on pourrait le conclure de ses ouvrages, mais en y réfléchissant, on voit clairement que telle n'est pas sa pensée. Sans doute il n'accorde le titre d'orateur qu'à celui qui réunit les qualités et observe les préceptes qu'il a énumérés, mais il permet que la parole sainte soit interprétée par des hommes qui, sans avoir toutes les qualités désirables, unissent au zèle et à la piété du prêtre une instruction convenable quoique médiocre. « Il est vrai, dit-il, que quand on a bien fait ces études (qu'il a développées) on en peut tirer un grand fruit pour l'intelligence de l'Écriture. Mais après tout, on peut s'en passer. Dans les premiers siècles de l'Église, on s'en passait effectivement. » « Je comprends bien, dit-il plus loin, que de tels gens étant appliqués à tout le détail du ministère, c'est-à-dire à administrer les sacrements, à conduire les âmes, à consoler les mourants et les affligés, ils ne pourraient avoir le temps d'apprendre par cœur des sermons fort étudiés. » Il désire seulement que leur bouche puisse parler de l'abondance du cœur, c'est-à-dire, « qu'elle répande sur le peuple la plénitude de la science évangélique et les sentiments affectueux du prédicateur. » Mais cette science de l'Écriture il l'exige et a droit de l'exiger du prêtre. « On n'a pas besoin de chercher ailleurs ce qui peut former le goût et le jugement pour l'éloquence même. Saint Augustin dit que plus on est pauvre de son propre fonds, plus on doit s'enrichir dans ces sources sacrées ; et qu'étant par soi-même petit pour exprimer de si grandes choses, on a besoin de croître par cette autorité de l'Écriture. »

Ne craignons pas de le dire, contrairement à l'opinion de quelques-uns de ses admirateurs, Fénelon permettait, comme saint Augustin, aux hommes médiocres et sans talent transcendant, de se mêler de prédication. D'abord, parce que c'est une nécessité constante et universelle du christianisme. Il faut, comme l'a dit un critique judicieux, un grand nombre de prédicateurs, parce qu'il faut que chaque chaire soit remplie. Si l'on ne permettait la prédication qu'aux hommes supérieurs, comment suffirait-on aux besoins si vastes, si multipliés de l'enseignement religieux ? On a raison d'interdire la poésie aux talents vulgaires, on ne perd rien à cette interdiction. Il y aura toujours assez de poëtes pour le nombre de lecteurs qui prennent goût à les entendre. A quoi est bon, d'ailleurs, un poëte médiocre ? Il ne fait plaisir qu'à lui-même. Tandis qu'un orateur médiocre, s'il est convaincu et pieux, fera toujours quelque bien. Fénelon n'a-t-il pas dit, après avoir fait une critique un peu sévère du talent de Bourdaloue : « Un missionnaire de village qui sait effrayer et faire couler des larmes, frappe bien plus au but de l'éloquence. »

Pourvu que l'orateur puisse enseigner quelque vérité utile, faire naître des sentiments généreux, ramener au bien et à la vertu, il a rempli dignement sa mission.

Qu'importe, dirons-nous avec saint Augustin, qu'une clef soit d'or ou de bois dès qu'elle ouvre ce qui est fermé ?

Fénelon n'est pas plus exigeant. Il s'accommode à la faiblesse humaine, et se borne, en fin de compte, à émettre ce vœu : « Je voudrais que le prédicateur, quel qu'il fût, fît ses sermons de manière qu'ils ne lui fussent point fort pénibles, et qu'ainsi il pût prêcher souvent. Il faudrait que tous les sermons fussent courts et qu'il pût, sans s'incommoder et sans lasser le peuple, prêcher tous les dimanches après l'évangile. Apparemment les anciens évêques, qui étaient fort âgés et chargés de tant de travaux, ne faisaient pas autant de cérémonie que nos prédicateurs pour parler au peuple au milieu de la messe, qu'ils disaient eux-mêmes solennellement tous les dimanches. Maintenant, afin qu'un prédicateur ait bien fait, il faut qu'en sortant de chaire il soit tout en eau, hors d'haleine, et incapable d'agir le reste du jour. »

Gardons-nous donc de rien exagérer, et ne voyons

dans les préceptes de notre maître que ce qu'ils contiennent réellement. Il demande aux prédicateurs ce qui est possible : une science sérieuse de l'Écriture, une conviction profonde, une piété sincère, du zèle, de l'onction, toutes qualités indispensables à celui qui se présente à l'honneur du saint ministère, une préparation suffisante et du naturel.

Il est plus exigeant, et avec raison, pour ceux qui prétendent au titre d'orateur. Mais là encore il fait la part de l'humaine condition. On n'est pas toujours inspiré. On ne peut s'élever sans cesse aux sommets de l'éloquence. Est-ce une raison de se taire et de désespérer? Quel est celui qui n'a pas connu ces heures de défaillance et de découragement dont parle si bien saint Augustin, lorsqu'il dit : « A moi-même aussi ma parole me déplaît. Je suis avide d'un mieux que mon esprit voit et auquel je ne puis arriver, je m'afflige de sentir que ma langue ne suffit pas à mon cœur. (Quel mot délicieux !) Mon idée brille devant moi comme un éclair ; elle pénètre mon intelligence d'une vive clarté ; mais la parole est lente et tardive, Quelle différence ! tandis qu'elle se déroule péniblement, l'idée rapide et vive est rentrée dans les profondeurs de l'esprit. » Que de belles âmes ont répété ce cri d'Augustin ! Et n'est-ce pas là le tourment des natures élevées ? Rien d'elles-même ne les peut satisfaire, car elles poursuivent l'idéal, et l'idéal, s'il est possible de s'en approcher chaque jour davantage, ne se laisse jamais atteindre ici-bas. Mais de ce qu'on a le sentiment de son imperfection, de ce qu'on n'atteint pas la plénitude rêvée, de ce qu'on en vient parfois à se déplaire à soi-même, s'en suit-il qu'il faille se réduire au silence ? « Non, non, s'écrie saint Augustin. Travaillez, parlez, écrivez. Dans le beau, dans l'art, comme dans la vertu; il faut tendre toujours très-haut pour arriver à peine au nécessâire. » Au point de vue qui nous occupe, l'orateur qui, dans la mesure de son talent, répand la vérité est supérieur à celui qui désespère de lui-même et se tait. Du reste, ce grand docteur nous donne un moyen infaillible de remplir notre mission avec bonheur, c'est de l'aimer et d'aimer ceux envers qui on la remplit. Que voulez-vous, après tout, orateurs chrétiens ? Vous voulez sauver des âmes, et pour cela les convaincre et les toucher : aimez et dites ce que vous voudrez. *Dilige et dic quod voles.*

« Souvenez-vous, dit à son tour Fénelon, que le culte de Dieu consiste dans l'amour. *Nec colitur ille, nisi amando.* Pour faire aimer, il faut entrer au fond des cœurs; il faut en avoir la clé; il faut en remuer tous les ressorts ; il faut persuader et faire vouloir le bien. »

Si l'art de l'éloquence est difficile, s'il demande une laborieuse préparation, des efforts soutenus, la grandeur et la sainteté du but que vous vous proposez, les bienfaits que vous répandrez dans les âmes, l'œuvre de salut que vous accomplirez, vous récompenseront amplement ici-bas et aux cieux de vos peines. C'est le cas de répéter cette belle parole : *Si labor terret, merces te invitet.*

N'eût-on dans sa vie converti qu'une âme, n'eût-on séché dans les yeux des petits et des souffrants que quelques larmes, on n'aurait pas à regretter ses efforts et ses labeurs. Heureux qui peut, dans ce court et triste pèlerinage de la terre, semer en passant la semence de vérité et de vie, faire auprès de ses frères acte de guide et d'ami, et après les avoir instruits, édifiés et beaucoup aimés, s'endormir dans les bras de Celui qui récompense au centuple !

A l'œuvre donc, ouvriers de l'Évangile ! Et pour finir par une parole de notre maître : « O pasteurs, loin de vous tout cœur rétréci ! Elargissez, élargissez vos entrailles. Vous ne savez rien, si vous ne savez que commander, que corriger, que montrer la lettre de la loi. Soyez pères ; ce n'est pas assez, soyez mères ; enfantez dans la douleur ; souffrez de nouveau les douleurs de l'enfantement, à chaque effort qu'il faudra faire, pour achever de former Jésus-Christ dans un cœur. »

CHAPITRE IV.

SES ŒUVRES ORATOIRES.

Fidèle à son ministère, Fénelon a souvent distribué, du haut de la chaire, l'enseignement et les consolations de la parole sainte. Ses historiens nous attestent qu'il ne laissait passer aucune fête, à Cambrai, aucune visite dans ses tournées pastorales, sans adresser aux fidèles, même dans les plus pauvres villages, une instruction appropriée à leurs besoins spirituels. De tant de paroles tombées de ses lèvres éloquentes et persuasives, peu cependant, bien peu, sont parvenues jusqu'à nous.

Le recueil de ses œuvres oratoires ne comprend qu'un discours, prononcé au sacre de l'Electeur de Cologne, un sermon pour la fête de l'Epiphanie, un sermon pour la fête de l'Assomption de la Sainte-Vierge, un panégyrique de saint Bernard, un sermon pour la fête de sainte Thérèse, un sermon pour la fête d'un Martyr, un autre pour la profession religieuse d'une nouvelle convertie, des entretiens sur la prière, sur les caractères de la véritable et solide piété, sur les avantages et les devoirs de la vie religieuse, seize plans développés de sermons sur divers sujets, deux plans de panégyriques de saint Charles-Borromée et de sainte Catherine de Bologne, et c'est tout.

Comment expliquer cette étonnante pénurie d'œuvres oratoires imprimées ?

Il est probable que bien de ses manuscrits ont été perdus. L'incendie qui dévora pendant son absence son palais de Cambrai, a anéanti en quelques heures, l'histoire nous l'apprend, ses meubles, ses livres, *ses papiers*. Après sa mort, les hasards de sa succession ont dispersé un certain nombre de ses écrits, et il est certain que les éditeurs de 1827 n'ont pas tout retrouvé, ni voulu tout imprimer.

D'un autre côté, on sait que Fénelon, conséquent avec lui-même, mettait en pratique la méthode de prêcher qu'il a recommandée, il n'écrivait pas ses sermons. Ses secrétaires n'ont pas eu la pensée de recueillir ses allocutions, et ont privé par là la postérité de paroles innombrables, aussi instructives qu'éloquentes, qui eussent singulièrement enrichi le trésor des lettres chrétiennes.

Il n'a pas eu la bonne fortune d'avoir auprès de lui, comme saint Jean-Chrysostôme et saint Augustin, des *notaires* qui sténographiaient leurs instructions pour les conserver à l'admiration du monde.

Il a semé sa parole, comme le semeur jette son grain. Elle a germé dans le cœur de ses auditeurs, elle y a produit ses fruits, mais le grain a été enseveli profondément et n'a plus reparu à la surface de la terre. Fénelon ne songeait guère en prêchant à la postérité. Il ne tenait en aucune façon à acquérir une renommée de prédicateur.

Comme on l'a observé judicieusement, être prédicateur, c'était, au XVII° siècle, une fonction qui excluait toutes les autres. Il était rare qu'arrivés à l'épiscopat, les meilleurs orateurs se fissent encore entendre, sauf en des circonstances tout-à-fait exceptionnelles, en dehors de leur diocèse. Même, s'il fut resté simple prêtre à Paris, Fénelon, qui avait instinctivement, et plus tard, par principe, une certaine aversion pour le genre sermonnaire proprement dit, n'eût pas cherché à briller dans la chaire, et quoique doué d'une rare éloquence, il n'eût pas probablement compté parmi les prédicateurs de la capitale. Il eût tourné ailleurs son zèle et ses efforts ; cela tenait à des idées bien arrêtées, qu'il a du reste manifestées ; « Pendant qu'il y a tant de besoins pressants dans le christianisme, dit-il, pendant que le prêtre, qui doit être l'homme de Dieu, préparé à toute bonne œuvre, devrait se hâter de déraciner l'ignorance et les scandales du champ de l'église, je trouve qu'il est fort indigne de lui qu'il passe sa vie dans son cabinet à arrondir des périodes, à retoucher des portraits, et à inventer des divisions, car dès qu'on s'est mis sur le pied de ces sortes de prédications, on n'a plus le temps de faire autre chose, on ne fait plus d'autre étude ni d'autre travail. »

Mais de ce qu'il n'a pas figuré dans les chaires de la capitale, et qu'il n'a publié aucun recueil de sermons, il n'en faudrait pas conclure que Fénelon n'a pas été orateur.

Nous avons donné, en commençant cette étude, les raisons qui permettent, qui obligent même de lui donner ce titre.

Il nous reste à prouver que les œuvres oratoires, hélas ! trop rares, qui nous ont été conservées de ce grand prélat, lui assignent l'un des premiers rangs parmi les maîtres de la parole.

Nous ne nous arrêterons pas sur les sermons dont nous n'avons que les plans développés. Nous remarquerons seulement que Fénelon leur donne toujours une division méthodique. C'est une preuve de plus que s'il proscrit *l'abus des divisions*, il reconnaît la nécessité d'une division générale et rationnelle du discours. Il avait trop de bon sens pour proscrire une règle si naturelle et si nécessaire, et ceux qui défigureraient en les exagérant ses critiques sur l'excès des divisions, se donneraient une peine inutile. Son exemple est là pour protester.

Nous n'analyserons pas ses entretiens sur différents sujets de piété, ni ses panégyriques, ni son sermon de l'Assomption; le cadre de cette étude nous imposant des limites forcées.

Et cependant que de nobles et éloquentes pensées nous y pourrions recueillir.

Dans son sermon pour la fête d'un Martyr, Fénelon s'élève à la plus haute philosophie chrétienne lorsqu'il justifie la marche de la Providence dans les persécutions. Ces considérations sont utiles à méditer dans les épreuves actuelles que traverse l'Eglise : « Dieu a trouvé, dit-il, dans ses profonds conseils, qu'il est meilleur de permettre que les maux arrivent, pour les changer en biens, que de ne les permettre jamais. Et, en effet, qu'y a-t-il de plus divin que de commander au mal même et de le rendre bon? Comment le fait-il, mes Frères? dit saint Augustin. C'est qu'il donne à l'iniquité le cours qu'il lui plaît, selon ses desseins. Il ne fait pas l'iniquité ; mais en la laissant échapper d'un côté plutôt que d'un autre, il la règle, il la domine, il la fait entrer dans l'ordre de sa Providence. Ainsi il laisse la fureur s'allumer dans le cœur des princes païens; force leur est donnée contre les sacrifices, et ils affligent les saints du Très-Haut. Mais ne craignez rien, la persécution ne peut être que bonne dans la main de Dieu.... Cependant ceux qui s'imaginent renverser le vrai Dieu, c'est par lui qu'ils sont soutenus ; c'est lui qui se joue de tous leurs projets et qui fait servir leur rébellion même à l'accomplissement des siens. Par la persécution, il prépare à la vraie religion des témoins, mais des témoins qui en scelleront la vérité de leur propre sang. Par la persécution, il prépare aux persécutés l'expiation de leurs fautes passées, car leur sang lave tout.... Enfin le même coup qui brise la paille, comme remarque saint Augustin, sépare le pur grain que Dieu a choisi. »

Cette pensée de justifier la Providence occupait souvent Fénelon et nous l'entendons s'écrier dans une autre circonstance : « Pour tous les maux extérieurs, j'ai déjà remarqué, ô sagesse éternelle, ce qui fait que vous les souffrez. Votre providence en tire les plus grands biens. Les hommes faibles et ignorants de vos voies en sont scandalisés ; ils gémissent pour vous comme si votre cause était abandonnée. Peu s'en faut qu'ils ne croient que vous succombez et que l'impiété triomphe de vous ; ils sont tentés de croire que vous ne voyez pas ce qui se passe ou que vous y êtes insensible. Mais qu'ils attendent encore un peu, ces hommes aveugles et impatients. L'impie qui triomphe ne triomphe guère longtemps, il se flétrit comme l'herbe des champs qui fleurit le matin et qui le soir est foulée aux pieds ; la mort ramène tout à l'ordre. Rien ne vous presse pour accabler vos ennemis ; vous êtes patient, comme dit saint Augustin, parce que vous êtes éternel ; vous êtes sûr du coup qui les écrasera ; vous tenez longtemps votre bras levé parce que vous

êtes père ; que vous ne frappez qu'à regret, à l'extrémité, et que vous n'ignorez pas la pesanteur de votre
bras. Que les hommes impatients se scandalisent donc ;
pour moi, je regarde les siècles comme une minute ;
car je sais que les siècles sont moins qu'une minute
devant vous.

« Cette suite de siècles, qu'on nomme la durée du
monde, n'est qu'une décoration qui va disparaître,
qu'une figure qui passe et qui s'évanouit. Encore un
peu, ô homme qui ne voyez rien, encore un peu et
vous verrez ce que Dieu prépare ; vous le verrez lui-
même tenant sous ses pieds ses ennemis. Quoi, vous
trouvez cette horrible attente trop éloignée ! Hélas !
elle n'est que trop prochaine pour tant de malheureux.
Alors les biens et les maux seront réparés à jamais ;
et ce sera, comme dit l'Ecriture, le temps de chaque
chose. »

On s'attarderait volontiers à ces citations et on aimerait à extraire de chacun des discours de notre orateur les joyaux qu'ils renferment pour en composer un
brillant et riche écrin, mais nous sommes forcés de
nous borner.

Nous choisirons trois de ses œuvres oratoires,
remarquables à divers titres. La première, le sermon pour la profession religieuse d'une nouvelle
convertie, prêchée dans sa jeunesse, nous initiera
à sa première manière. La seconde, le sermon pour
la fête de l'Epiphanie, est l'œuvre de sa maturité ; la

troisième, le discours pour le sacre de l'Electeur de Cologne, prononcé huit ans avant sa mort, nous fait arriver à la plénitude et à l'apogée de son génie.

Le sermon pour la profession religieuse d'une nouvelle convertie, a été prononcé dans le temps où Fénelon était supérieur de la communauté des Nouvelles-Catholiques, c'est-à-dire, au début de son ministère. Rien cependant n'y sent le jeune homme. Ses pensées sont graves et sobrement développées ; le style seul, parfois très-orné, et la poésie des images, rappelent la fraîcheur des souvenirs classiques.

Il est conçu selon les règles oratoires les plus strictes. Le texte annonce bien le sujet, et montre que l'orateur s'attachera surtout à raconter l'histoire de l'âme, dont il célèbre les fiançailles avec l'époux divin.

« Venite, audite, et narrabo, omnes qui timetis « Deum, quanta fecit animæ meæ. »

« O vous tous qui craignez le Seigneur, venez, écoutez, et je raconterai tout ce qu'il a fait à mon âme. »

C'est bien en effet, la touchante et instructive histoire d'une âme que Fénelon présentera à ses auditeurs, et il aura l'art extrême de voiler sous le tissu d'une narration personnelle, la doctrine du protestantisme, afin d'en montrer la fausseté et les funestes conséquences.

Il s'adresse d'abord à cette fiancée du Christ qui lui est chère, et son exorde court et chaleureux est

tout entier à la louange et à la reconnaissance :
« L'eussiez-vous cru, ma chère sœur, que l'époux
des Vierges vous attendait dans cette solitude dès les
jours de l'éternité ? C'était donc là ce qu'il voulait de
vous, lorsqu'il tirait tant de profonds gémissements
de votre cœur, et que vous ne saviez pas encore vous-
même pourquoi vous gémissiez ! O mystère de grâce !
O voies de Dieu dans le cœur de l'homme, inconnues
à l'homme même ! O Dieu, abîme de sagesse et
d'amour !

« Fille chrétienne, élevez votre voix ; appelez à ce
spectacle les hommes et les anges. Dites dans un
humble transport : O vous tous qui craignez le Seigneur, hâtez-vous de venir ; vous me verrez, et vous
verrez la grâce en moi. Peuples, assemblez-vous,
accourez en foule ; que les extrémités de la terre l'entendent, que toute chair admire et tressaille ; car il
a regardé la bassesse de sa servante, et il a fait en
moi de grandes choses, celui qui est puissant. Enfants
de Dieu, rendez gloire à son œuvre. Que la terre et
les cieux soient pleins de son nom, que tout en reten-
tisse jusqu'au fond de l'abîme ; que tout s'unisse à moi
pour chanter le tendre cantique, le cantique toujours
nouveau des éternelles miséricordes : « Venite audite,
et narrabo, omnes qui timetis Deum, quanta fecit
animæ meæ. » Il entre de suite dans le plein du sujet, et ne va pas chercher son introduction à l'origine
des choses, comme nous ne l'entendons que trop

souvent. Que de sermons commencent, à la lettre, au péché originel et même à la création du monde ! »

Puis il présente avec clarté et sobriété ses divisions, rompant déjà en cela avec la méthode en honneur :

« Découvrons donc, ma chère sœur, dans les deux parties de ce discours, non à votre gloire, mais à celle de Jésus–Christ, ce qu'il a opéré dans votre conversion, et ce qu'il a préparé dans votre sacrifice. Par l'un, vous instruisez le monde des richesses de la grâce ; par l'autre, vous serez instruite vous-même de ce que la grâce doit achever en vous dans la solitude. Voilà tout le sujet de ce discours. »

On ne peut être ni plus bref, ni plus clair. Dès les premières lignes de la première partie, on sent le tendre cœur de Fénelon et sa sollicitude pour l'enfance :

« J'adore souvent en tremblant, M. F., ce jugement qui est un abîme, ce profond conseil par lequel Dieu permet que tant d'enfants soient livrés à l'erreur. Quoi ! un âge si tendre, si simple, si innocent, suce avec le lait le poison ; et les parents que Dieu lui choisit, par leur tendresse aveugle causent son malheur ! Faut–il que sa docilité même le rende coupable ! O Dieu ! vous êtes pourtant juste. Nous savons par vous-même que vous ne haïssez rien de tout ce que vous avez fait ; que vous êtes le Sauveur de tous ; que toutes vos voies sont vérité et miséricorde ; à vous seul louange dans votre secret ; à nous le silence, le tremblement et l'adoration. »

Certes, l'objection est redoutable, mais l'orateur la fait tourner aussitôt à son avantage et la fait servir d'exposition à l'histoire de l'âme qu'il va raconter.

Fénelon ne craint pas de montrer à cette jeune âme, et par elle à toutes celles qui s'opiniâtrent dans l'hérésie, le fol orgueil de ses prétentions. Chaque protestant, s'il est conséquent, prononce cette affirmation insensée : « En lisant les Écritures, je juge que l'Eglise, dont nous sommes sortis ne les entend pas, et je confirme la séparation de nos pères. »

Alors dans un langage vif, nerveux, exempt de déclamation, il va, en s'élevant à la plus vigoureuse éloquence, stigmatiser ce procédé d'orgueil :

« A cette parole si dure et si hautaine, c'en est fait ; l'Esprit qui ne repose que sur les doux et humbles de cœur se retire ; le lien fraternel se rompt ; la charité s'éteint ; la nuit entre de toutes parts ; l'autorité si claire dans l'Evangile, pour prévenir les plus subtiles distinctions, si nécessaire pour soutenir les faibles, pour arrêter les forts, pour tenir tout dans l'unité ; cette autorité sans laquelle la Providence se manquerait à elle-même, pour l'instruction des simples et des ignorants, ne paraît plus qu'une tyrannie.

« Quels maux affreux viennent de cette source !

« Confiance téméraire en l'élection divine, inspirée à chaque particulier, au préjudice de la crainte et du tremblement, avec lequel on doit opérer son salut ; mépris de l'antiquité, lors même qu'on fait semblant de la suivre ; audace effrénée, qui traite les Pères d'esprits crédules et superstitieux, d'introducteurs de l'antechrist ; parole du Sauveur, qui devait être un lien d'éternelle concorde, devenue le jouet d'une vaine subtilité dans des disputes scandaleuses ; divins oracles, livrés aux visions et aux songes impies de toutes les sectes qui se multiplient à l'infini, et qui s'entredéchirent cruellement. O ma bouche, n'achevez pas ! »

L'orateur se demande quel est le remède à ces maux ? Sera-ce l'Ecriture ? Mais c'est elle justement dont on abuse. Ce n'est pas la parole de Dieu qui est le fondement de la foi des protestants, mais l'explication qu'il leur plaît d'en donner, de sorte que chacun s'arroge, dans cette prétendue religion, l'infaillibilité qu'il refuse à l'Eglise.

Fénelon s'arrête ici, et par un procédé usité des Pères et pratiqué par Bossuet, procédé qui lui deviendra ordinaire et famillier, il procède par exclamations : « O profondeur ! ô livres inaccessibles à l'orgueil des sages du siècle ! vous êtes le glaive à deux tranchants ; vous répandez une lumière vivifiante ; mais aussi de vous sortent les ténèbres vengeresses ! »

« ..... Je vois des chrétiens qui, comme les juifs se croyant, dès le ventre de leur mère, la race sainte, les héritiers de l'alliance, les interprètes des oracles, vous lisent toujours avec un voile sur le cœur. Ils disent sans cesse, l'Ecriture, l'Ecriture, l'Ecriture ! comme les juifs disaient : le Temple, le Temple, le Temple ! Mais l'esprit de l'Ecriture, qui seul peut vivifier, et qui n'est promis qu'au corps de l'Eglise, les a quittés quand ils l'ont quittée, et la lettre les tue ! »

Ce passage atteint à la haute éloquence et est d'un grand caractère.

Il revient à sa chère sœur, et rappelant les larmes que versait son orgueil impuissant à répondre aux solides raisons qui lui étaient exposées, il signale un des caractères propres de l'erreur : la tenacité, l'obstination dans le faux. Pour sortir de ces liens de l'erreur, la grâce est indispensable.

« Combien de fois ai-je éprouvé, s'écrie-t-il, ce que je vais dire ! Vous avez convaincu sur tous les articles, vous croyez avoir tout fait ; mais vous ne faites rien si par un puissant attrait de la piété, vous n'enlevez l'âme à elle-même pour lui faire sentir ce que c'est que d'être humble ; si vous ne bouleversez le fond d'une conscience, si vous ne tenez un cœur en suspens *et comme en l'air au-dessus de ses préjugés.* » La pensée est hardie et singulièrement vraie et expressive. Puis vient cette belle comparaison si digne du langage cultivé et charmant de l'auteur du *Télémaque :*

« En vain à coups redoublés vous frappez ce grand arbre, dont la tige immobile monte jusqu'au ciel et dont les racines vont se cacher dans les entrailles de la terre ; vous n'en enlevez que les faibles rameaux, encore repoussent-ils toujours. Mais attaquez ces racines vives, entrelacées, profondes : le voilà qui tombe de son propre poids. »

L'image est aussi bien choisie que puissamment rendue, et la phrase est parfaite. Enfin, le combat va cesser, et l'âme de cette fière jeune fille va se rendre. C'est ici qu'il convient d'entendre notre orateur. Quelle onction, quelle tendresse, quelle effusion de cœur ! Et aussi quelle vigueur, quelle sobriété de style. Les mots sont brefs, font image, les pensées s'accumulent sans emphase, sans déclamation, pleines de force et de couleur. C'est une page admirable :

« Vous aimiez le mensonge, ma chère sœur, mais la vérité vous aimait ; vous étiez à elle avant la création du monde et vous deviez enfin l'aimer. Vous étiez loin de Dieu, mais il était auprès de vous ; vous le fuyiez sans le vouloir entendre, mais sa miséricorde vous poursuivait. Son heure vient, il tonne, foudroie, écrase l'orgueil indompté, et voilà les écailles qui tombent de ces yeux fermés à la lumière.

« Seigneur, que voulez-vous que je fasse ? s'écrie-t-elle comme Saul. Que vois-je ? où suis-je ? Que sont-ils devenus tous ces objets que j'ai cru voir si clairement ! Tout s'évanouit, tout m'échappe, tout ce qui m'appuyait se fond dans mes mains. Ma vie entière n'a donc été qu'un songe, et voici mon premier réveil ! Où êtes-vous, livres en qui j'ai espéré ; et maintenant je rougis des fables que j'ai admirées. Est-ce donc là ce qui a enchanté si longtemps mon cœur ! Donc, donc jusqu'ici j'ai vécu égarée de la voie de la vérité, le soleil de la sagesse ne s'était point levé sur ma tête et la lumière de l'intelligence n'a jamais lui sur moi.... » et le reste.

Dès ce moment, c'en est fait, la grâce triomphe. Dieu lui met dans le cœur l'onction qui enseigne tout, et les difficultés disparaissent une à une comme la neige fond au soleil radieux.

Fénelon accomplit ici en maître une œuvre difficile. Tout en racontant les progrès de la vérité dans cette âme, il condense avec un art consommé les principales preuves sur lesquelles s'appuie chacune des vérités niées par les protestants, et en fait ressortir en même temps les bienfaits. Ce ne sont que quelques lignes pour chaque vérité, mais qu'elles sont adroites et bien remplies ! Il passe ainsi en revue l'autorité de l'Eglise, l'Eucharistie, la prière pour les morts, le culte des images, les cérémonies et la liturgie sacrées.

Détachons de cette partie le touchant passage sur l'Eucharistie et remarquons encore une fois que lorsqu'il a à parler de ce mystère d'amour, il le fait avec une exquise piété, une ardente ferveur qui témoignent que lui, comme les plus purs génies du Christianisme, puisait là sa sève et sa flamme.

« Dieu lui donna aussi de goûter le mystère d'amour qui révolte les sens grossiers et l'esprit superbe…. Quiconque aime et sent combien nous sommes aimés (car je ne parle point à ceux qui ne sentent rien) ; quiconque aime et sent combien nous sommes aimés, n'a qu'à se taire et qu'à adorer….. Qu'il est doux de la croire cette présence de Jésus-Christ ! Qu'elle attendrit ! qu'elle anime ! qu'elle retient ! par conséquent, qu'elle est convenable à nos besoins et digne de celui qui nous a tant aimés !…. »

Aussi quand la pleine lumière se fût faite dans l'esprit de cette nouvelle convertie, quand ses préjugés furent tombés et que la grâce maîtresse se fût emparée de ce cœur, les larmes du repentir vinrent féconder ce champ si bien préparé.

Notre orateur est dans son vrai milieu, avec cette douce émotion d'une âme qui se retrouve, et il excelle à en parler :

« Aussitôt un torrent de larmes coule de ses yeux, et rien ne lui est doux, sinon de pleurer. O qu'elles sont précieuses ces larmes d'un cœur contrit et humilié ! Qu'elles sont différentes, ma chère sœur, de ces larmes amères que l'orgueil avait fait couler ! Qu'est-il devenu, M. F., cet air de confiance ? Où sont-ils ces yeux altiers dont parle l'Ecriture ? Je ne vois plus que l'âme courbée, tremblante et petite à ses propres yeux, sur qui Dieu arrête les siens avec complaisance. Elle gémit, elle se tait, ses mains armées d'indignation frappent sa poitrine, et rien ne la console que sa foi qui goûte la pure joie de la vérité découverte. Elle n'acquiesce point à la chair et au sang. Seigneur, vous seul savez avec quelle violence elle s'arrache à cette intime portion d'elle-même qu'elle ne peut attirer à vous. N'oubliez pas le sacrifice qu'elle vous en fît. Mettez devant vos yeux ses larmes, ses pénitences, ses os brisés et ses entrailles déchirées. Faites, Seigneur, et ne tardez pas ; donnez-lui l'unique désir de son cœur. Ce qu'elle vous demande, c'est votre gloire ; rendez-lui, comme à Abraham, cette chère tête que sa foi vous a immolée. »

C'était vraiment une âme d'élite que cette jeune personne, et ces âmes ne se donnent pas à moitié. Une fois engagée à Notre-Seigneur par la reconnaissance, elle entre dans son amour profondément. Elle quitte le monde et cherche uniquement l'Epoux bien-aimé dans la solitude du cloître.

Fénelon appelé à célébrer ses noces mystiques avec l'Agneau n'a garde d'oublier cette partie importante de sa douce mission. Il a à parler du cloître, et il aime à en revêtir la description de tous les charmes et de toutes les délicatesses de son style. Quelle peinture gracieuse des joies du cloître nous offre ce passage de son discours et quels parfums suaves s'en exhalent !

« Que trouve-t-elle dans ce désert? Des plantes qu'un fleuve de paix et de grâce arrose, et où fleurissent les plus odoriférantes vertus ; des yeux qui ne s'ouvrent jamais à la vanité et qui ne daignent plus voir ce que ce soleil passager éclaire ; un silence semblable à celui de la céleste Jérusalem qui n'est interrompu que par le cantique des voix sacrées de l'Agneau ; la joie douce et innocente du paradis terrestre avec la pénitence du premier homme, qui travaille à la sueur de son front ; la sainte pâleur du jeûne avec la sérénité de l'amour de Dieu peint sur tous les visages ; une seule volonté qui, étant inspirée d'en haut et conduite par la règle, tient toutes les autres volontés en suspens ; un seul mouvement de tous les corps, comme s'ils n'avaient qu'une âme, une seule voix, un seul cœur ; Dieu qui se rend sensible et s'y fait tout en tous. De là partent les saints désirs ; de là s'élancent les vœux enflammés ; de là montent jusqu'au trône de doux parfums qui apaisent la justice divine ; de là ces âmes vierges, rompant leurs liens terrestres, s'envolent dans le sein de l'Époux et déjà elles entrevoient les portes éternelles qui s'ouvrent, avec la palme et la couronne qui les attendent. »

Le *Télémaque* renferme-t-il bien des pages ou plutôt bien des perles aussi fines et aussi précieuses que celle-là ?

Mais si le cloître a ses délices, il a aussi ses obligations, et l'orateur ne les dissimule pas. Il dira tour-à-tour les devoirs et les joies de l'obéissance, de la virginité, du sacrifice. Ce sacrifice est long, dira peut-être le tentateur. Tout ce qui doit finir est court. La vie s'écoule comme l'eau ; les temps se hâtent d'arriver. Et cette pensée qu'il développe l'amène à la mort et lui fait trouver des accents pleins d'énergie et de consolation.

« Elle vient, elle vient la fin ; je la vois, je la sens qui arrive. O homme qui as enseveli ta folle espérance dans la corruption et dont le cœur s'est nourri de mensonges, qui te délivrera à cette dernière heure ! Qui te délivrera de toi-même et de ton éternel désespoir ? Qui te délivrera des ténèbres, des pleurs, des grincements de dents, du ver rongeur qui ne peut mourir, des flammes dévorantes, des mains du Dieu vivant qui se nomme lui-même le Dieu des vengeances.

« Pour vous, ma chère sœur, pauvre et crucifiée, vous ne tiendrez à rien ici-bas. Pendant que toute la nature écrasée frémira d'horreur, vous lèverez la tête avec confiance, voyant descendre votre rédemption. Le Souverain Juge, à la face duquel s'enfuiront le ciel et la terre, viendra comme époux essuyer vos larmes de ses propres mains, vous donner le baiser de paix et vous couronner de sa gloire. »

On ne peut lire froidement de si touchantes paroles ; quelle émotion devaient-elles produire dans la bouche de Fénelon, dont la voix pénétrante et pleine

d'onction retentissait avec tant de naturel et de douceur?

Il achève sa pensée dans la péroraison qui atteint
au plus sublime pathétique : « Seigneur qui mettez ces
paroles de vie sur mes lèvres et dans le cœur de votre
épouse, hâtez-vous de la plonger dans les flammes
de votre Esprit. Que votre louange ne tarisse jamais
dans sa bouche ! Que du trésor de son cœur elle l'é-
panche sur nous tous ! Voilà que votre main l'enlève
à la terre, jusqu'au jour où vous viendrez juger toute
chair. Nous ne la verrons plus ; elle s'ensevelit,
comme morte, toute vivante. Mais sa vie sera cachée
avec Jésus-Christ votre Fils en vous, pour apparaître
bientôt avec lui dans la même gloire. Du cilice et de la
cendre de ce cloître, son âme s'envolera dans les joies
éternelles. De cette terre de larmes, son corps sera
enlevé au milieu de l'air dans les nuées, au-devant
du Seigneur pour être à jamais avec lui. »

Et il revient en terminant, avec un rare bonheur,
aux paroles de son texte qui a illuminé tout son discours :

« Cependant nous n'entendrons plus dans ces profondes et inaccessibles retraites qu'une voix qui ra-
contera vos merveilles. Faites, Seigneur, que cette
voix console et anime les justes ; que tous ceux qui
vous craignent et qui vous goûtent, courent ici-bas
après l'odeur de vos parfums ; qu'ils viennent, qu'ils

entendent et qu'ils se réjouissent en vous glorifiant. »

Fénelon ne pouvait clore son sermon sans songer aux pauvres âmes retenues encore dans l'hérésie, et dont plusieurs parentes et amies de la nouvelle convertie se trouvaient sans doute dans son auditoire ; il leur accorde un souvenir cordial, et fait pour elles cette belle prière :

« Mais faites aussi, Seigneur, que cette voix soit pour les âmes dures le marteau de votre parole qui brise la pierre ; que tous ceux qui donnent encore à votre Eglise le nom de Babylone viennent les larmes aux yeux reconnaître ici les fruits de Sion. A eux, Seigneur, à eux la multitude de vos miséricordes. Hélas ! jusques à quand, ô Dieu terrible dans vos conseils sur les enfants des hommes, jusques à quand frapperez-vous votre troupeau ? Après plus d'un siècle de nuit (le protestantisme ne s'établit guère en France comme puissance politique qu'en 1560 et Fénelon prononçait ce discours vers 1675). Après plus d'un siècle de nuit, les temps de colère et d'aveuglement ne sont-ils pas encore écoulés ? O bon Pasteur ! Voyez vos brebis errantes et dispersées sur toutes les montagnes, à la merci des loups dévorants ; courez après elles jusqu'aux extrémités du désert ; rapportez-les sur vos épaules et invitez tous ceux qui vous aiment à s'en réjouir avec vous.

« Nous vous le demandons, Seigneur, par les en-

trailles de votre inépuisable miséricorde ; par les pro
messes de vie tant de fois renouvelées à vos enfants ;
par le sacrifice de cette Vierge qui vous demandera
ici nuit et jour les âmes de ses frères et qui ne cessera
de s'offrir à être anathème pour eux ; par les larmes
de votre Eglise qui ne se console jamais de leur perte ;
par le sang de votre Fils qui coule sur eux ; enfin par
l'intérêt même de votre gloire. »

Ces derniers vœux sont le digne couronnement
d'une telle œuvre et révèlent tout le cœur de Fénelon.
Bossuet a prêché bien des vêtures et des professions
religieuses. Ses instructions sont toutes remplies de
doctrine et revêtues d'un noble langage, mais aucune
ne respire cette onction, cette plénitude et cette douceur de tendresse, aucune à notre humble avis, n'est
supérieure à ce sermon de Fénelon. Les six sermons
de Bourdaloue pour des vêtures sont justement célèbres, mais y trouve-t-on, au même degré que chez
Fénelon, l'accent du cœur, la note sensible et pathétique ? Pour qui a pu comparer, la réponse n'est pas
douteuse.

Ce sermon suffit à donner la mesure du talent oratoire de Fénelon dans sa jeunesse. On y voit briller
ces deux qualités si enviables chez l'orateur : l'onction
et la juste mesure. Point d'exagération ni de lon-
gueurs, ni de lieux communs. Un style très-pur,
quoique orné en certains passages. Point sans doute
de coups de tonnerre ni d'éclairs de génie, cela vien-

dra dans la maturité, sous l'empire de plus fortes émotions. Car quoiqu'en aient dit des critiques prévenus, cette splendeur de l'éloquence n'a pas fait défaut à Fénelon. Nous allons le prouver dans l'étude de son sermon pour la fête de l'Epiphanie.

Ce sermon fut prêché à Paris le jour de la fête de l'Epiphanie, dans l'église des Missions-Étrangères, le 6 janvier 1685, en présence de l'ambassade de Siam. Cette ambassade qui fit grand bruit à l'époque a été racontée par tous les historiens et n'est pas l'un des événements les moins étonnants de ce règne si fécond en grands spectacles. La présence de ces curieux personnages donnait au sermon un attrait de plus, et surtout une signification singulièrement éloquente.

Dès le texte, on juge que l'orateur va s'élever au plus chaleureux enthousiasme, ainsi qu'aux plus hautes considérations.

« Surge, illuminare, Jérusalem, quia venit lumen tuum et gloria Domini super te orta est. »

« Levez-vous, soyez éclairée, ô Jérusalem! car votre lumière vient et la gloire du Seigneur s'est levée sur vous. »

Son sujet est le plus vaste et le plus consolant qui se puisse méditer, c'est la vocation des Gentils, c'est-à-dire de toutes les nations du globe à la foi.

Son exorde est au début tout à l'allégresse et à l'admiration, son cœur y déborde, mais bientôt une sombre préoccupation l'envahit. Il est partagé entre la joie et la douleur. L'état du vieux monde le préoccupe et le fait trembler et il en vient à épancher ses angoisses. « Le ministère de ces hommes aposto- toliques et la vocation de ces peuples est le triomphe de la religion ; mais c'est peut-être aussi l'effet d'une secrète réprobation qui pend sur nos têtes. Peut-être sera-ce sur nos ruines que ces peuples s'élèveront, comme les Gentils s'élevèrent sur celles des Juifs à la naissance de l'Eglise. » De là les deux sentiments qui partagent son discours. Il dira les motifs de joie et les motifs de crainte que doit inspirer aux chrétiens la vocation des Gentils.

Le premier point s'ouvre par la comparaison allé- gorique qu'il fait de l'Eglise avec la Jérusalem célé- brée par Isaïe, et il y déploie toute la grandeur et toute la poésie du langage oratoire.

Décrivant les progrès de l'Église il s'écrie : « Jésus-Christ naît, et la face du monde se renou- velle. La loi de Moïse, ses miracles, ceux des pro- phètes, n'avaient pu servir de digue contre ce torrent de l'idolatrie et conserver le culte du vrai Dieu chez un seul peuple, resserré dans un coin du monde. Mais celui qui vient d'en haut est au-dessus de tout ; à Jé- sus est réservé de posséder toutes les nations en héritage. Il les possède, vous le voyez. Depuis qu'il a été élevé sur la croix, il a attiré tout à lui. Dès l'ori- gine du christianisme, saint Irénée et Tertullien ont

montré que l'Église était déjà plus étendue que cet
empire même qui se vantait d'être lui seul tout l'U-
nivers. Les régions sauvages et inaccessibles du
Nord, que le soleil éclaire à peine, ont vu la lumière
céleste. Les plages brûlantes d'Afrique ont été inon-
dées des torrents de la grâce. Les empereurs même
sont devenus les adorateurs du nom qu'ils blasphé-
maient et les nourriciers de l'Église dont ils ver-
saient le sang. Mais la vertu de l'Évangile ne doit pas
s'éteindre après ces premiers efforts ; le temps ne
peut rien contre elle ; Jésus-Christ, qui en est la
source, est de tous les temps ; il était hier, il est aujourd'hui, et il sera aux siècles des siècles. Aussi
vois-je cette fécondité qui se renouvelle toujours ; la
vertu de la croix ne cesse d'attirer tout à elle. »

Puis il célèbre avec un souffle digne de Bossuet le
grand fait de la conversion des Barbares et son influence sur les destinées du monde :

« Regardez, s'écrie-t-il, ces peuples barbares qui
firent tomber l'empire romain. Dieu les a multipliés et
tenus en réserve sous un ciel glacé, pour punir Rome
païenne et enivrée du sang des martyrs ; il leur
lâche la bride, et le monde en est inondé. Mais en
renversant cet empire, ils se soumettent à celui du
Sauveur ; tout ensemble, ministres des vengeances
et objets des miséricordes, sans le savoir, ils sont
menés, comme par la main, au-devant de l'Évangile,

et c'est d'eux qu'on peut dire à la lettre qu'ils ont trouvé le Dieu qu'ils ne cherchaient pas. »

Comme ce langage est sobre et puissant ! Mais voici que l'orateur s'anime, il va s'élancer à la suite de la croix dans toutes les régions qu'elle conquiert en les illuminant ; c'est l'ancien monde, c'est le nouveau qui passent tour-à-tour sous ses yeux. Il s'enflamme, son langage a des ailes, ses accents éblouissent, il atteint d'un bond au sublime : « Que reste-t-il? Peuples des extrémités de l'Orient, votre heure est venue. Alexandre, le conquérant rapide, que Daniel dépeint comme ne touchant pas la terre de ses pieds, lui qui fut si jaloux de subjuguer le monde entier, s'arrêta bien loin au-deçà de vous ; mais la charité va plus loin que l'orgueil. Ni les sables brûlants, ni les déserts, ni les montagnes, ni la distance des lieux, ni les tempêtes, ni les écueils de tant de mers, ni l'intempérie de l'air, ni le milieu fatal de la ligne, où l'on découvre un ciel nouveau, ni les flottes ennemies, ni les côtes barbares, ne peuvent arrêter ceux que Dieux envoie.

« Qui sont ceux-ci qui volent comme les nuées ? Vents, portez-les sur vos ailes ! Que le Midi, que l'Orient, que les îles inconnues les attendent et les regardent en silence venir de loin.

« Qu'ils sont beaux les pieds de ces hommes qu'on voit venir du haut des montagnes apporter la paix, annoncer les biens éternels, prêcher le salut et dire :

O Sion, ton Dieu règnera sur toi ! Les voici, ces nouveaux conquérants, qui viennent sans armes, excepté
la croix du Sauveur. Ils viennent, non pour enlever
les richesses et répandre le sang des vaincus, mais
pour offrir leur propre sang et communiquer le trésor
céleste.

« Peuples qui les vîtes venir, quelle fut d'abord
votre surprise et qui peut la représenter ? Des hommes
qui viennent à vous sans être attirés par aucun mo-
tif, ni de commerce, ni d'ambition, ni de curiosité ;
des hommes qui, sans vous avoir jamais vus, sans
savoir même où vous êtes, vous aiment tendrement,
quittent tout pour vous, et vous cherchent au travers
de toutes les mers avec tant de fatigues et de périls,
pour vous faire part de la vie éternelle qu'ils ont découverte !

« Nations ensevelies dans l'ombre de la mort,
quelle lumière sur vos têtes ! »

Trouve-t-on, en vérité, dans Bossuet, dans Lacordaire, un passage plus véhément et plus réellement
inspiré ? Que nous sommes loin des tirades savantes
de Bourdaloue et des périodes nombreuses et cadencées de Massillon !

Fénelon veut montrer que l'amour des simples et
humbles prédicateurs de l'Évangile a su réaliser ce
que n'avait pu faire l'ambition des plus puissants
conquérants. Il n'y emploie que quelques traits so-
bres comme le génie antique. Point d'enflure ni de

déclamation pour un si vaste dessein. Tous les mots portent. Les exclamations suppléent aux images, les grands coups de pinceau à l'abondance des couleurs. C'est la force, le lyrisme dans les plus sages proportions, c'est le sublime dans toute sa splendeur, c'est le comble de l'éloquence. Des nations de l'Orient au royaume de Siam la transition est facile, et Fénélon nous y transporte, en profitant de la présence des ambassadeurs pour les intéresser de plus en plus au grand œuvre de l'évangélisation de leur pays. Dans son apostrophe au roi de Siam, il sait faire intervenir adroitement le souvenir de Louis XIV, dont la sympathie pour l'œuvre des Missions était notoire, et dont la protection ne fit jamais défaut à nos missionnaires. Puis, en invitant les prêtres à se dévouer à ce glorieux apostolat, il rend à l'Eglise romaine un témoignage bien significatif de foi et de piété filiale : « J'entends la voix de Pierre qui vous envoie et qui vous amène. Il vit, il parle dans son successeur ; son zèle et son autorité ne cessent de confirmer ses frères. C'est de la chaire principale, c'est du centre de l'unité chrétienne que sortent les rayons de la foi la plus pure et la plus féconde, pour percer les ténèbres de la gentilité. Allez donc, anges prompts et légers ; que sous vos pas les montagnes descendent, que les vallées se comblent, que toute chair voie le salut de Dieu. »

Tout en excitant le zèle des prédicateurs et des missionnaires, Fénelon ne leur laisse pas ignorer le sort qui les attend.

Ce lui est une occasion de rappeler en chaire la mémoire d'un saint évêque missionnaire mort l'année précédente, Mgr Pallu, évêque d'Héliopolis et vicaire apostolique du Ton-King. Cet évêque fut l'un des courageux précurseurs de tant de Pontifes et de prêtres catholiques, tous français, qui se sont succédé sans interruption sur cette terre de Chine rougie du sang de tant de nos martyrs. On éprouve une souveraine consolation à évoquer ces souvenirs. C'est la France, et la France presque seule, qui a fourni à l'œuvre des Missions de l'extrême Orient ses intrépides et infatigables ouvriers. C'est la France qui, dans ce siècle, a fondé et entretient cette institution éminemment catholique de la propagation de la foi, et qui lui offre des millions chaque année. N'est-il pas permis de penser que dans la balance de la justice divine, ce généreux apostolat, comptera plus pour son existence et sa prospérité que toutes nos fautes, et qu'il sera beaucoup pardonné à cette nation, fille aînée de l'Église et mère des martyrs, qui, dans l'élite de ses enfants, a toujours beaucoup donné et beaucoup aimé !

Mais, revenons à Fénelon et au souvenir qu'il accorde à Mgr Pallu :

« Frappe, s'écrie-t-il, cruel Japon ; le sang de ces hommes apostoliques ne cherche qu'à couler de leurs veines, pour te laver dans celui du Sauveur que tu ne connais pas. Empire de la Chine, tu ne pourras fermer tes portes. Déjà un saint pontife, marchant sur les traces de François Xavier, a béni cette terre par ses derniers soupirs. Nous qui l'avons vu, cet homme simple et magnanime, qui revenait tranquillement de faire le tour entier du globe terrestre, nous avons vu cette vieillesse prématurée et si touchante, ce corps vénérable, courbé, non sous le poids des années, mais sous celui de ses pénitences et de ses travaux ; et il semblait nous dire, à nous tous, au milieu desquels il passait sa vie, à nous tous qui ne pouvions nous rassasier de le voir, de l'entendre, de le bénir, de goûter l'onction et de sentir la bonne odeur de Jésus-Christ qui était en lui ; il semblait nous dire : Maintenant me voilà, je sais que vous ne verrez plus ma face. Nous l'avons vu qui venait de mesurer la terre entière ; mais son cœur, plus grand que le monde, était encore dans ces régions si éloignées. L'Esprit l'appelait à la Chine ; et l'Évangile qu'il devait à ce vaste empire, était comme un feu dévorant au fond de ses entrailles qu'il ne pouvait plus retenir. »

« Allez donc, saint vieillard, traversez encore une fois l'Océan étonné et soumis ; allez au nom de Dieu. Vous verrez la terre promise ; il vous sera donné d'y entrer, parce que vous avez espéré contre l'espérance même. La tempête qui devait causer le naufrage vous jettera sur le rivage désiré. Pendant huit mois votre voix mourante fera retentir les bords de la Chine du nom de Jésus-Christ.

« O mort précipitée ! ô vie précieuse qui devait durer plus longtemps ! ô douces espérances tristement enlevées ! Mais adorons Dieu ; taisons-nous. »

Après cet hommage, si éloquent et si bien mérité rendu au vénérable évêque du Ton-King, Fénelon reprend l'ordre de ses pensées et fait ressortir cette constante préoccupation de l'Église de répandre la vérité, l'action de son autorité doctrinale, infaillible, divine, qui lui permet de conserver partout, dans tous les temps, sous tous les cieux, le dépôt de la foi intact et l'unité parfaite du gouvernement. Quand il a ainsi établi, surtout en vue des hérétiques, cette unité et cette perpétuité de l'apostolat catholique, il se résume et s'écrie : « Quelle est donc cette grande œuvre qui console l'Église, qui la multiplie, qui répare ses pertes, qui accomplit si glorieusement les promesses, qui rend Dieu sensible aux hommes, qui montre Jésus-Christ toujours vivant et régnant dans les cœurs par la foi, selon sa parole, au milieu même de ses ennemis ; qui répand en tous lieux son Église, afin que tous les peuples puissent l'écouter ; qui met en elle ce signe éclatant que tout œil peut voir, et auquel les simples sont assurés, sans discussion, que la vérité de la doctrine est attachée ! Qu'elle est grande cette œuvre ! Mais où sont les ouvriers capables de la soutenir ! Mais où sont les mains propres à recueillir ces riches moissons dont les campagnes de l'Orient sont déjà blanchies ? »

A cette pensée, son cœur d'apôtre est bouleversé. Tant de besoins et si peu d'ouvriers ! Et puis il ne peut oublier la France, sa patrie. Il connaît les nécessités de son pays, et il profite de cette circonstance pour donner à ses frères dans le sacerdoce d'admirables conseils. Il faut en finir avec le protestantisme : « Pasteurs, rassemblez vos conseils et vos forces pour achever d'abattre ce grand arbre , dont les branches orgueilleuses montaient jusqu'au ciel, et qui est déjà ébranlé jusqu'à ses plus profondes racines. Ne laissez aucune étincelle cachée du feu de l'hérésie prêt à s'éteindre. » Il faut aussi seconder l'œuvre de la réforme du clergé entreprise par saint Vincent de Paul, le cardinal de Bérulle et M. Ollier : « Ranimez, s'écrie Fénelon, votre discipline ; hâtez-vous de déraciner par la vigueur de vos canons le scandale et les abus ; faites goûter à vos enfants les chastes délices des Saintes Lettres ; formez des hommes qui soutiennent la majesté de l'Évangile, et dont les livres gardent la science. » Ici revient cette préoccupation de toute sa vie, former des hommes, des prédicateurs qui soutiennent la majesté de l'Évangile. « O mère, faites sucer à vos enfants les deux mamelles de la science et de la charité. Que par vous la vérité luise encore sur la terre. Mais que les besoins du dedans ne fassent pas abandonner ni oublier ceux du dehors. » Et c'est par ce vœu digne de son grand cœur qu'il revient à son sujet spécial : « Église de France, ne perdez pas votre couronne. D'une main, allaitez dans votre sein vos propres enfants ; étendez l'autre sur cette extrémité de la terre, où tant de nouveaux-nés, encore tendres en Jésus-Christ, poussent de faibles cris vers vous, et attendent que vous ayez pour eux des entrailles de mère. »

Ces cris, Fénelon les entend. Il en est comme remué jusqu'au fond de son être. Le voilà qui fait appel aux prêtres qui l'écoutent : « Que chacun de ceux qui sont libres, se dise à soi-même : Malheur à moi si je n'évangélise ! Hélas ! peut-être que tous les royaumes de l'Orient ensemble n'ont pas autant de prêtres qu'une paroisse d'une seule ville. » Ce cri de détresse lancé, il ira jusqu'au bout. C'est Paris lui-même qu'il apostrophe : « Paris, tu t'enrichis de la pauvreté des nations, ou plutôt, par de malheureux enchantements, tu perds toi-même ce que tu enlèves aux autres ; tu prives le champ du Seigneur de sa culture ; les ronces et les épines le couvrent ; tu prives les ouvriers de la récompense due au travail. » Certes, le trait est vif et enfoncé profondément. Mais, fidèle à ses principes, Fénelon ne recule en chaire devant aucune vérité. Il se la dira à lui-même, et publiquement, la vérité.

Il excite les autres à marcher à la conquête des âmes, et lui demeure ; il pousse le cri du zèle qui enflamme, et il semble insensible ; il veut grossir le nombre des apôtres ; que ne prêche-t-il d'exemple ? Cette objection se présente de suite à son esprit. C'est lui-même qui la formule de la manière la plus expressive : « Que ne puis-je aujourd'hui, M. F., m'écrier, comme Moïse aux portes du camp d'Israël : Si quelqu'un est au Seigneur, qu'il se joigne à moi ! Dieu m'en est témoin, Dieu devant qui je parle, Dieu à la face duquel je sers chaque jour, Dieu qui lit dans les cœurs et qui sonde les reins. Seigneur, vous le savez, que c'est avec confusion et douleur, qu'admirant votre œuvre, je ne me sens ni les forces, ni le courage d'aller l'accomplir. Heureux ceux à qui vous donnez de le faire ! Heureux moi-même, malgré ma faiblesse et mon indignité, si mes paroles peuvent allumer dans le cœur de quelque saint prêtre, cette flamme céleste dont un pécheur comme moi ne mérite pas de brûler. »

Ce grand acte d'humilité, si sincère dans sa bouche, désarme l'auditeur, et laisse à son enseignement toute sa force.

On peut se demander, en effet, pourquoi Fénelon ne suivit pas cet attrait qui le porta dans les premières années de son sacerdoce, à se dévouer à l'œuvre des Missions étrangères ? On en trouve les raisons dans sa santé faible et toujours mal affermie, qui exigea,

jusqu'aux derniers jours, les plus grands ménage-
ments ; dans la volonté hautement manifestée de
l'évêque de Sarlat, son oncle, qui s'opposa aux projets
du jeune prêtre. Il faut y voir surtout, selon nous, le
conseil de cette Providence qui veille sur chacun de
nos pas. Fénelon missionnaire eût fait sans doute
beaucoup de bien, mais son œuvre n'eût été que locale
et restreinte. Fénelon, précepteur du dauphin et archevêque de Cambrai, a pu écrire des pages immor-
telles, des œuvres philosophiques et spirituelles, qui
vivront autant que le monde, et qui éclaireront, con-
soleront, édifieront à jamais les générations chrétiennes. Ne regrettons pas qu'il ait été forcé par les
circonstances de demeurer en France. Notre pays
avait besoin d'hommes comme lui, car, on l'a dit avec
raison, si quelques hommes ont fait craindre ou briller davantage la France, aucun ne la fit plus aimer
des nations que Fénelon.

Le vif amour qu'il avait pour la France, et le sentiment qu'il se faisait de sa mission dans le monde,
n'éclatent nulle part avec plus de force que dans son
sermon sur l'Epiphanie. Il convient d'insister sur cet
ordre d'idées, pour bien comprendre la seconde partie
de son célèbre discours.

Il ne se faisait aucune illusion sur l'état des esprits
Il voyait déjà poindre la philosophie matérialiste, qui
opéra au XVIIIᵉ siècle plus de ravages en France que
les guerres les plus désastreuses. Le luxe insensé

qui gagnait toutes les classes, la licence des mœurs,
l'amour des plaisirs, les effets dissolvants du jansé-
nisme, et je ne sais quelle révolte secrète qui tour-
mentait les classes moyennes, lui faisaient entrevoir
les abîmes qui allaient s'ouvrir. Heureux est-il d'être
mort avant d'avoir assisté à la réalisation de ses
chrétiennes et patriotiques angoisses !

Le second point de son sermon doit donc être étudié
sous ce jour, et médité particulièrement.

Il commence par examiner ce terrible problême
de la vocation des nations. Il recherche les causes
qui ont amené la réprobation du peuple juif, et la dé-
cadence de tant de contrées chrétiennes, autrefois si
ferventes et si prospères.

Sa parole est grave et pleine de majesté. Son style
devient solennel. Son éloquence grandit en quelque
sorte avec sa tâche, et nous ne craignons pas de le
dire, après avoir lu et relu tous nos maîtres en éloquence, nous ne connaissons rien de supérieur à la
seconde partie de ce sermon. Tout y serait à citer. Le
début est déjà un chef-d'œuvre.

« Si Dieu, dit-il, terrible dans ses conseils sur
les enfants des hommes n'a pas même épargné les
branches naturelles de l'olivier franc, comment
oserions-nous espérer qu'il nous épargnera, nous,
M. F., branches sauvages et entées, nous branches
mortes, et incapables de fructifier ! Dieu frappe sans
pitié son ancien peuple, ce peuple héritier des pro-

messes, ce peuple, race bénite d'Abraham, dont Dieu s'est déclaré le Dieu à jamais ; il le frappe d'aveuglement, il le rejette de devant sa face, il le disperse comme la cendre au vent ; il n'est plus son peuple, et Dieu n'est plus son Dieu ; et il ne sert plus, ce peuple réprouvé, qu'à montrer à tous les autres peuples qui sont sous le Ciel, la malédiction et la vengeance divine qui distille sur lui goutte à goutte, et qui y demeurera jusqu'à la fin. »

Après cette exposition si magistrale, le discours, dans cette seconde partie, va toujours aller *crescendo*. L'orateur, qui se sent maître du terrain, promène sa parole avec une majesté et une liberté d'allures, une grandeur et une énergie de langage, une sévérité apostolique, qui rappellent les grands jours de Bossuet. Ce n'est plus le doux Fénelon, c'est un prophète, un Jérémie, qui châtie parce qu'il aime, qui se lamente pour toucher et convertir :

« Ce qui a fait la réprobation des juifs, s'écrie-t-il (prononçons ici, M. F., notre jugement, pour prévenir celui de Dieu), ce qui a fait leur réprobation, ne doit-il pas faire la nôtre? Ce peuple, quand Dieu l'a foudroyé, était-il plus attaché à la terre que nous, plus enfoncé dans la chair, plus enivré de ses passions mondaines, plus aveuglé par sa présomption, plus rempli de lui-même, plus vide de l'amour de Dieu? Non, non, M. F. ; ses iniquités n'étaient point encore montées jusqu'à la mesure des nôtres. Le crime de crucifier de nouveau Jésus-Christ, mais Jésus-Christ connu, mais Jésus-Christ goûté, mais Jésus-Christ régnant parmi nous ; le crime de fouler aux pieds volontairement notre unique hostie de propitiation et le sang de l'alliance, n'est-il pas plus énorme et plus criminel que celui de répandre ce sang, comme les Juifs, sans le connaître ? »

Fénelon continue toujours sur le ton de la plus haute éloquence :

« Ce peuple est-il le seul que Dieu a frappé ? Hâtons-nous de descendre aux exemples de la loi nouvelle ; ils sont encore plus effrayants. Jetez, mes frères, les yeux baignés de larmes sur ces vastes régions, d'où la foi s'est levée sur nos têtes, comme le soleil ; que sont-elles devenues ces fameuses églises d'Antioche, de Jérusalem, de Constantinople, qui en avaient d'innombrables sous elles ? C'est là que pendant tant de siècles, les conciles assemblés ont étouffé les plus noires erreurs, et prononcé ces oracles qui vivront éternellement ; c'est là que régnait avec majesté la sainte Discipline, modèle après lequel nous soupirons en vain. Cette terre était arrosée du sang des martyrs ; elle exhalait le parfum des vierges ; le désert même fleurissait par ses solitaires ; mais tout est ravagé sur ces montagnes, découlant de lait et de miel, où paissaient sans crainte les troupeaux d'Israël. Là, maintenant sont les cavernes inaccessibles des serpents et des basilics.

« Que reste-t-il sur les côtes d'Afrique, où les assemblées d'évêques étaient aussi nombreuses que les conciles universels, et où la loi de Dieu attendait son explication de la bouche d'Augustin ? Je ne vois plus qu'une terre encore fumante de la foudre que Dieu y a lancée. »

Quel trait, quelle image que cette exclamation : « Je ne vois plus qu'une terre encore fumante de la foudre que Dieu y a lancée. » L'antiquité n'a rien dit de plus grand. Mais loin de s'arrêter, voici que l'orateur va prendre un essor plus impétueux encore. Que dis-je, il va secouer les flammes de son éloquence sur tous les abus, les vices, les ingratitudes de son temps. Impitoyable, il déchaînera la foudre à son tour, et laissera l'auditoire attéré et comme anéanti. Ce passage défie tout éloge et presque toute comparaison. On comprend que le cardinal Maury, en parlant de ce sermon, ait pu dire « qu'il ne connaissait dans l'éloquence sacrée, aucun chef-d'œuvre à côté duquel on ne puisse placer avec honneur l'œuvre de Fénelon. »

Moins diffus que saint Jean-Chrysostôme, dans la pompe de son langage, plus passionné que saint Basile et saint Grégoire de Naziance, plus nerveux que saint Bernard lui-même, il égale ici Bossuet dans ses grands moments, et laisse loin derrière lui les Mascaron et les Fléchier. Bourdaloue a tonné, lui aussi, contre les vices de son temps. Massillon a eu des accents vengeurs, mais ils n'ont pas dépassé l'énergie de Fénelon, et n'ont su condenser, comme lui, leurs terribles effets.

Fénelon en effet, dans cette dernière partie de son sermon, rompt toutes les digues.

Il laisse les flots de son éloquence s'échapper comme un torrent qui brise et entraîne tout ce qu'il rencontre. Il accumule les images, amasse les traits, précipite les effets ; il procède par bonds impétueux, sans désordre, avec la conscience de sa force. C'est un géant qui ébranle sa massue et qui court frappant sans pitié tous les monstres, c'est-à-dire, tous les crimes qui déshonorent une nation chrétienne. Mais sous cette force, on sent encore un cœur ; il se montre de temps à autre, par des exclamations et des sanglots.

Oh ! l'admirable page, et qu'elle est à relire, en ces temps mauvais où nous vivons :

« La foi ne s'éteindra point, je l'avoue ; mais elle n'est attachée à aucun des lieux qu'elle éclaire ; elle laisse derrière elle une affreuse nuit à ceux qui ont méprisé le jour, et elle porte ses rayons à des yeux plus purs.

« Que ferait plus longtemps la foi chez des peuples corrompus jusqu'à la racine, qui ne portent le nom de fidèles que pour le flétrir et le profaner ?

« Lâches et indignes chrétiens, par vous le christianisme est avili et méconnu ; par vous le nom de Dieu est blasphémé chez les Gentils ; vous n'êtes plus qu'une pierre de scandale à la porte de la maison de Dieu, pour faire tomber ceux qui y viennent chercher Jésus-Christ.

« Mais qui pourra remédier aux maux de nos églises et relever la vérité qui est foulée aux pieds dans les places publiques? L'orgueil a rompu ses digues et inondé la terre ; toutes les conditions sont confondues ; le faste s'appelle politesse, la plus folle vanité une bienséance ; les insensés entraînent les sages et les rendent semblables à eux ; la mode, si ruineuse par son inconstance et par ses excès capricieux, est une loi tyrannique, à laquelle on sacrifie toutes les autres ; le dernier des devoirs est celui de payer ses dettes. Les prédicateurs n'osent plus parler pour les pauvres, à la vue d'une foule de créanciers dont les clameurs montent jusqu'au ciel..... La simplicité, la modestie, la frugalité, la probité exacte de nos pères, leur ingénuité, leur pudeur, passent pour des vertus rigides et austères d'un temps trop grossier. Sous prétexte de se polir, on s'est amolli par la volupté, et endurci contre la vertu et contre l'honneur. On invente chaque jour et à l'infini de nouvelles nécessités pour autoriser les passions les plus odieuses. Ce qui était d'un faste scandaleux dans les conditions les plus élevées, il y a quarante ans, est devenu une bienséance pour les plus médiocres. Détestable raffinement de nos jours ! Monstre de nos mœurs ! La misère et le luxe augmentent de concert ; on est prodigue de son bien, et avide de celui d'autrui ; le premier pas de la fortune est de se ruiner. »

Et qu'on ne croie pas que ce lugubre tableau soit chargé à plaisir. On a publié dans ces derniers jours un travail intitulé : *la Misère sous Louis XIV*, qui prouve par la correspondance des intendants de province, et par des documents officiels, que les dehors si brillants du grand siècle cachaient des plaies profondes et, en beaucoup de contrées, une extrême indigence.

Fénelon poursuit son implacable réquisitoire :

« Qui pourrait supporter les folles hauteurs que l'orgueil affecte et les bassesses infâmes que l'intérêt fait faire ?... Les hommes, gâtés jusque dans la moëlle des os par les ébranlements et les enchantements des plaisirs violents et raffinés, ne trouvent plus qu'une douceur fade dans les consolations d'une vie innocente ; ils tombent dans les langueurs mortelles de l'ennui, dès qu'ils ne sont plus animés par la fureur de quelque passion. Est-ce donc là être chrétien ? Allons, allons dans d'autres terres, où nous ne soyons plus réduits à voir de tels disciples de Jésus-Christ ! O Evangile ! est-ce là ce que vous enseignez ? O foi chrétienne ! vengez-vous ; laissez une éternelle nuit sur la face de la terre, de cette terre couverte d'un déluge d'iniquité. »

A-t-il tout dit, et va-t-il se lasser de tonner ? Non, il ira jusqu'au bout, et du désordre des mœurs il passe au désordre des esprits, il décrit l'état doctrinal du monde et il montre à nu le chancre de l'impiété qui commence à le ronger :

« Une sagesse vaine et intempérante, une curiosité superbe et effrénée emporte les esprits.

« Le Nord ne cesse d'enfanter de nouveaux monstres d'erreurs ; parmi ces ruines de l'ancienne foi tout tombe, tout tombe comme par morceaux ; le reste des nations anciennes en sent le contre-coup ; on voit les mystères de Jésus-Christ ébranlés jusqu'aux fondements.

« Des hommes profanes et téméraires ont franchi les bornes et ont appris à douter de tout. C'est ce que nous entendons tous les jours. *Un bruit sourd d'impiété vient frapper nos oreilles et nous en avons le cœur déchiré.* Après s'être corrompus dans ce qu'ils connaissent, ils blasphèment enfin ce qu'ils ignorent. Prodige réservé à nos jours ! *L'instruction augmente et la foi diminue. . . .*

« Cependant, de tous les vices, on ne craint plus que le scandale, que dis-je ? le scandale même est au comble ; car l'incrédulité, quoique timide, n'est pas muette ; elle sait se glisser dans les conversations, tantôt sous des railleries envenimées, tantôt sous des questions où l'on veut tenter Jésus-Christ, comme les Pharisiens. En même temps, l'aveugle sagesse de la chair, qui prétend avoir droit de tempérer la religion au gré de ses désirs, déshonore et énerve ce qui reste de foi parmi nous. Chacun marche dans la voie de son propre conseil ; chacun, ingénieux à se tromper, se fait une fausse conscience. Plus d'autorité dans les pasteurs, plus d'uniformité de discipline. Le dérèglement ne se contente plus d'être toléré, il veut être la règle même et appelle excès tout ce qui s'y oppose. La chaste colombe, dont le partage ici-bas est de gémir, redouble ses gémissements. Le péché abonde, la charité se refroidit, les ténèbres s'épaississent, *le mystère d'iniquité se forme*; dans ces jours d'aveuglement et de péché, les élus mêmes seraient séduits s'ils pouvaient l'être. Le flambeau de l'Evangile, qui doit faire le tour de l'univers, achève sa course. *O Dieu ! Que vois-je ? Où sommes-nous ? Le jour de la ruine est proche, et les temps se hâtent d'arriver !* »

L'entendez-vous, cette formidable parole ? Comprenez-vous cette prophétie ? L'orateur à ce moment est possédé par ce *mens divinior* qui agite dans les moments suprêmes les grandes âmes. Ce n'est plus un homme, c'est un prophète. Il me semble voir Fénelon épouvanté de ce qui le transporte, s'arrêter tout-à-coup, et malgré lui, plongeant son regard dans l'avenir, y lire toutes les horreurs et toutes les calamités qu'il recèle ; l'infamie des philosophes, l'athéisme ouvertement enseigné, la révolution se déchaînant sur la France, brisant les autels, massacrant les prêtres, noyant la nation dans un fleuve de boue et de sang ; des foules ivres d'impiété et de carnages, des hurlements sinistres, une prostituée recevant à Notre-

Dame de Paris les hommages divins, et la tête du meilleur des rois roulant de l'échafaud sur le pavé de la capitale devenue la ville parricide ! Et ce n'était là que le commencement !

Hélas ! Hélas ! qu'il avait raison de crier dans son épouvante : « O Dieu! Que vois-je ? Où sommes-nous ? Le jour de la ruine est proche, et les temps se hâtent d'arriver ! »

Nous frissonnons encore à ces souvenirs. Quelle impression dut produire sur les auditeurs cette menace prophétique ?

Plusieurs fois, dans le cours du xviiie siècle, Dieu sembla renouveler ses avertissements, par la bouche de ses prédicateurs. On ne peut lire sans une sorte de stupéfaction l'étonnante précision avec laquelle plusieurs des orateurs sacrés du xviiie siècle ont annoncé la Révolution. Les Pères Neuville et de Beauregard, les Beauvais, les Séguier ont vraiment prophétisé en chaire.

L'évêque de Lescar, dans son discours pour l'ouverture de l'Assemblée du clergé de 1783 annonce clairement à ses collègues tout ce qui va suivre :

« Je les vois, s'écrie-t-il, en parlant des révolutionnaires, je les vois renverser nos temples et en arracher les prêtres occupés du sacrifice. Je les vois appeler à grands cris cette foule de demi-croyants, rassemblés moins par zèle que par usage ; et dans ce temple déshonoré déjà par leur culte hypocrite, les inviter à rejeter loin d'eux un fantôme de religion qu'ils ne supportaient qu'avec peine. Je les vois porter une main sacrilége sur les ornements du sanctuaire, se charger avidement de leurs dépouilles ; fermer les portes de la maison de Dieu, ou en changer la destination, poursuivre au dehors leur victoire impie, et dans leurs triomphes et leurs festins insulter à vos douleurs, et par des libations profaner ces vases consacrés par la célébration de nos mystères les plus redoutables.

« Voyez l'orage qui gronde et qui vous avertit, les menaces qui s'exécutent ; ces commencements fâcheux qui nous annoncent un avenir plus sinistre encore ; le dégoût qui gagne le troupeau, le zèle qui abandonne le pasteur, l'orgueil qui s'élève contre notre autorité, l'avarice qui jette un œil d'envie sur les biens dont vous êtes dépositaires ; de toutes parts, haine dissimulée, déchaînement ouvert, destructions opérées ou projetées. Et vous demandez encore des signes et des présages de la Révolution ! en faut-il d'autres que la Révolution elle-même, qui, préparée de loin, s'avance à grands pas et se consomme sous vos yeux ? »

Déjà en 1780, les évêques réunis à Paris disaient au roi : « Encore quelques années et l'ébranlement devenu général ne laissera plus apercevoir que des débris et des ruines. » Plus haut encore, à l'avènement même de Louis XVI, l'orateur chargé de prononcer l'Oraison funèbre de Louis XV, Beauvais, évêque de

Senez, apostrophait son siècle en ces termes : « Siècle dix-huitième, si fier de vos lumières et qui vous glorifiez entre tous les autres du titre de philosophe, quelle époque fatale vous allez faire dans l'histoire de l'esprit et des mœurs des nations !

« Esprits téméraires, voyez les ravages de vos systèmes ! Il n'y aura donc plus de superstitions parce qu'il n'y aura plus de religion, plus de préjugés, parce qu'il n'y aura plus de principes, plus d'hypocrisie, parce qu'il n'y aura plus de vertus.

« Esprits téméraires, frémissez de vos succès et d'une révolution plus funeste encore que les hérésies qui ont changé autour de vous la face de plusieurs Etats. Elles y ont du moins laissé subsister un culte et des mœurs ; et nos neveux malheureux n'auront plus un jour ni culte, ni mœurs, ni Dieu. »

Qui ne se rappelle enfin ces paroles du Père de Beauregard prêchant le Carême à la Cour, annonçant par les plus sinistres accents les malheurs qui devaient éclater trois ans plus tard : « Oui, s'écriait-il, oui vos temples, Seigneur, seront dépouillés et détruits, vos fêtes abolies, votre nom blasphémé, votre culte proscrit. Mais qu'entends-je ? Grand Dieu, que vois-je ? Aux saints cantiques qui faisaient retentir les voûtes sacrées en votre honneur, succèdent des chants bachiques et profanes ! Et toi, divinité infâme du paganisme, impudique Vénus ! tu viens ici même prendre audacieusement la place du Dieu vivant, t'asseoir sur le trône du saint des saints et recevoir l'encens coupable de tes nouveaux adorateurs. »

Ne sont-ce pas là comme autant de prédictions frappantes, et l'écho de cette terrible exclamation de Fénelon : « O Dieu que vois-je ? Où sommes-nous ? Le jour de la ruine est proche, et les temps se hâtent d'arriver. » Nous sommes, nous, à ces temps. La révolution, loin d'être terminée poursuit son œuvre de destruction. Nous assistons, le cœur navré, à toutes ses conséquences et nous ne savons pas ce que l'avenir nous tient encore en réserve. Mais malgré nos légitimes angoisses, il convient de garder l'espérance. Dieu veille sur son Eglise. C'est dans ce sentiment que Fénelon termine son célèbre sermon et trouve pour ranimer les cœurs des paroles qu'il nous est utile, à nous aussi, de redire et de méditer ;

« Seigneur, qui dites dans vos Ecritures : Quand même une mère oublierait son propre fils, le fruit de ses entrailles, moi je ne vous oublierai jamais, ne détournez point votre face de dessus nous. Que votre parole croisse dans ces royaumes où vous l'envoyez ; mais n'oubliez pas les anciennes églises dont vous avez conduit si heureusement la main pour planter la la foi chez ces nouveaux peuples.

« Souvenez-vous du siége de Pierre, fondement immobile de vos promesses. Souvenez-vous de l'Eglise de France, mère de celle d'Orient, sur qui votre grâce reluit. Souvenez-vous de cette maison qui est la vôtre ; des ouvriers qu'elle forme, de leurs larmes, de leurs prières, de leurs travaux. Que vous dirai-je, Seigneur, pour nous-mêmes ? Souvenez-vous de notre misère et de votre miséricorde. Souvenez-vous du sang de votre Fils qui coule sur nous, qui vous parle en notre faveur, et en qui seul nous nous confions. Bien loin de nous arracher, selon votre justice, ce peu de foi qui nous reste encore, augmentez-la, purifiez-la, rendez-la vive ; qu'elle perce toutes nos ténèbres ; qu'elle étouffe toutes nos passions, qu'elle redresse tous nos jugements, afin qu'après avoir cru ici-bas, nous puissions voir éternellement dans votre sein ce que nous aurons cru. Amen. »

C'est par ses souhaits si dignes de la piété et de la bonté de son cœur que Fénelon termine cet incomparable sermon qui, dans toutes ses parties, et à tous les points de vue, demeurera comme un monument des plus achevés et des plus glorieux de l'éloquence sacrée.

Fénelon, parvenu à l'apogée de son génie, ne s'occupait qu'à évangéliser les campagnes ou à prêcher dans sa cathédrale de l'abondance de son cœur : « J'ai fait, écrivait-il à l'abbé Fleury, l'ouverture du Jubilé, et j'ai déjà prêché deux fois. Il me paraît que cela fait plusieurs biens ; je tâche de donner au peuple les vraies idées de la religion qu'ils n'ont pas assez ; j'acquiers de l'autorité, je les accoutume à des maximes qui auto-

risent les bons confesseurs ; enfin, je donne aux prédicateurs l'exemple de ne chercher ni arrangement,
ni subtilité et de parler précisément d'affaires. » Il ne
songeait donc dans les nombreuses instructions qu'il
adressait à son peuple qu'à l'instruire et à l'édifier.

Depuis douze ans qu'il était archevêque de Cambrai,
il ne s'était pas départi encore de cette pieuse coutume
et n'avait voulu donner à sa parole aucun retentisse-
ment, lorsqu'une occasion solennelle le força à sortir
de son humilité.

Chargé de sacrer l'Electeur de Cologne qui voulait
recevoir de ses mains l'onction épiscopale, Fénelon
prononça, dans l'église collégiale de Saint-Pierre de
Lille, le 1er mai 1707, un discours qui, par l'ampleur
des idées, la perfection achevée de la forme, et l'émi-
nence des qualités oratoires, suffirait seul à établir la
renommée d'un grand prédicateur.

Ce discours est bien connu, il est devenu classique.
Tous les critiques ont ratifié l'appréciation du cardinal Maury qui s'exprime ainsi : « La première partie
est écrite avec l'énergie et l'élévation de Bossuet ; la
seconde suppose une sensibilité qui n'appartient qu'à
Fénelon. » Mais ce qu'on n'a pas assez remarqué,
c'est, au point de vue de l'éloquence, la qualité maîtresse à laquelle était parvenu Fénelon, d'atteindre,
comme les plus beaux génies de l'antiquité, à la puissance des effets par la simplicité et la sobriété des
moyens.

Ce discours ne révèle pas seulement une maturité consommée de pensée, mais aussi une maturité, une concision, une force de langage qui sont le privilége du vrai génie. On ne reconnaît plus là le chantre harmonieux et poétique de *Télémaque*. Il parle comme Tacite a écrit. Il coule en bronze pour la postérité ses graves enseignements, il y ajoute l'onction pastorale dans ce qu'elle a de plus tendre et de plus exquis, l'onction qui était son don particulier et la compagne inséparable de sa parole. Fénelon, au soir de sa vie, est arrivé à la plénitude de l'éloquence, et son dernier discours doit être écouté avec émotion et recueillement comme le chant du cygne.

Nous n'en analyserons que les traits principaux, car il est, on peut le dire, de ces œuvres capitales qui sont dans la mémoire de tous les hommes instruits.

L'exorde, tout de circonstance, est consacré à célébrer l'illustre famille de l'Electeur, son frère le prince Electeur de Bavière présent à la cérémonie et la vocation de l'archevêque de Cologne. Après ce premier et nécessaire hommage, Fénelon énonce de suite le sujet qu'il se propose de traiter, sujet très-hardi pour son temps et même pour tous les temps. Il va montrer : 1° que l'Eglise n'a aucun besoin du secours des princes de la terre, parce que les promesses de son époux tout-puissant lui suffisent ; 2° que les princes qui deviennent pasteurs peuvent être très-utiles à l'Eglise, pourvu qu'ils s'humilient, qu'ils se dévouent au travail, et qu'on voie reluire en eux toutes les vertus pastorales.

Dans le premier point, Fénelon établit l'indépendance de l'Eglise des pouvoirs humains, en des termes et avec une liberté apostolique qui montrent toute la hauteur sereine de sa pensée, et qui durent étonner, au siècle de Louis XIV, après les tristes souvenirs de l'affaire des Corses et de l'assemblée de 1682.

« Les enfants du siècle, prévenus, dit-il, des maximes d'une politique profane, prétendent que l'Eglise ne saurait se passer du secours des princes, et de la protection de leurs armes, surtout dans les pays où les hérétiques peuvent l'attaquer. Aveugles, qui veulent mesurer l'ouvrage de Dieu par celui des hommes ! C'est s'appuyer sur un bras de chair ; c'est anéantir la croix de Jésus-Christ. Croit-on que l'époux tout-puissant, et fidèle dans ses promesses, ne suffira pas à l'épouse ? Le ciel et la terre passeront, mais aucune de ses paroles ne passera jamais. O hommes faibles et impuissants qu'on nomme les rois et les princes du monde, vous n'avez qu'une force empruntée pour un peu de temps ; l'époux, qui vous la prête, ne vous la confie qu'afin que vous serviez l'épouse. Si vous manquiez à l'épouse, vous manqueriez à l'époux même ; il saurait transporter son glaive en d'autres mains.... Dieu jaloux renverse les trônes des princes hautains, et il fait asseoir en leurs places des hommes doux et modérés ; il fait sécher jusqu'aux racines les nations superbes, et il plante les humbles pour les faire fleurir ; il détruit jusque dans ses fondements toute puissance orgueilleuse ; il en efface même la mémoire de dessus la terre... Que les princes qui se vantent de protéger l'Eglise ne se flattent donc pas jusqu'à croire qu'elle tomberait s'ils ne la portaient pas dans leurs mains. S'ils cessaient de la soutenir, le Tout-Puissant la porterait lui-même. Pour eux, faute de la servir ils périraient selon les saints oracles.

« Jetons les yeux sur l'Eglise, c'est-à-dire sur cette société visible des enfants de Dieu qui a été conservée dans tous les temps ; c'est le royaume qui n'aura point de fin. Toutes les autres puissances s'élèvent et tombent ; après avoir étonné le monde, elles disparaissent. L'Eglise seule, malgré les tempêtes du dehors et les scandales du dedans, demeure immortelle. Pour vaincre, elle ne fait que souffrir ; et elle n'a pas d'autres armes que la croix de son époux. »

Impossible d'être plus concis et plus énergique. Dans tout ce discours Fénelon fondra dans son propre langage les paroles de l'Ecriture, et il mettra ainsi en pratique l'un de ces préceptes favoris « de ne parler pour instruire les hommes que la langue des divines Ecritures. »

Pour faire mieux ressortir cette indépendance de l'Eglise, il interroge l'histoire et lui demande une éclatante confirmation. Il prend l'Eglise à ses origines ; il la contemple sous Moïse, sous les Machabées, et continue : « Mais tournons nos regards vers l'Eglise que Rome païenne, cette Babylone enivrée du sang des martyrs s'efforce de détruire. L'Eglise demeure libre dans les chaînes, et invincible au milieu des tourments. Dieu laisse ruisseler, pendant trois cents ans, le sang de ses enfants bien aimés. Pourquoi croyez-vous qu'il le fasse ? C'est pour convaincre le monde entier, par une si longue et si terrible expérience, que l'Eglise, comme suspendue entre le ciel et la terre, n'a besoin que de la main invisible dont elle est soutenue. Jamais elle ne fut si libre, si forte, si florissante, si féconde. »

Et alors, avec une majesté incomparable, l'orateur s'écrie : « Que sont devenus ces Romains qui la persécutaient ? Ce peuple, qui se vantait d'être le peuple-roi, a été livré aux nations barbares ; l'Empire éternel est tombé ; Rome est ensevelie dans ses ruines avec les faux dieux ; il n'en reste plus de mémoire, que par une autre Rome sortie de ses cendres qui, étant pure et sainte, est devenue à jamais le centre du royaume de Jésus-Christ. »

Cependant l'Eglise est reconnue par les puissances, et prend bientôt sa place dans l'Etat. Quels seront leurs rapports et leurs droits réciproques ? C'est assurément une question digne des plus graves méditations.

Fénelon, qui a devancé son siècle sur bien des

points de la politique, a tranché ici, doctrinalement, ce problème tant agité de nos jours.

L'Eglise doit-elle être assujettie aux princes temporels et vassale de l'Etat ? Doit-elle être protégée par les souverains, où laissée libre entièrement ?

La séparation absolue de l'Eglise et de l'Etat est un système jugé et condamné par le *Syllabus*.

L'indépendance réciproque de l'Eglise et de l'Etat, que des penseurs estiment devoir être la loi des sociétés modernes, si elle est basée sur le respect des droits mutuels et sur une entente harmonieuse, peut être soutenue sans dommages pour la vérité.

La protection absolue, exclusive, de l'Eglise par l'Etat, à côté d'avantages extérieurs, présente de grands inconvénients. On l'a fait justement remarquer. La protection des princes n'est jamais désintéressée. S'ils la revêtent et l'entourent d'honneurs et de considération aux yeux des peuples, ils lui demandent en retour des concessions et des sacrifices, qui ont été parfois jusqu'à léser sa nécessaire liberté. D'autres sont venus, qui lui ont imposé la servitude.

Que faut-il penser, que doit-on préférer ? Ecoutons Fénelon, posant d'abord ces principes : « L'Eglise, il est vrai, est dans l'Etat pour obéir aux princes dans tout ce qui est temporel ; mais quoi qu'elle se trouve dans l'Etat, elle n'en dépend jamais pour aucune fonction spirituelle. Elle est en ce monde, mais c'est pour le convertir ; elle est en ce monde, mais c'est pour le gouverner par rapport au salut..... Le monde, en se soumettant à l'Eglise, n'a point acquis le droit de l'assujettir ; les princes, en devenant les enfants de l'Eglise, ne sont point devenus ses maîtres ; ils doivent la servir, et non la dominer. »

Elle, à son tour, n'intervient pas dans les affaires temporelles. « S'agit-il, dit Fénelon, de l'ordre civil et politique, l'Eglise n'a garde d'ébranler les royaumes de la terre, elle qui tient dans ses mains les clefs du royaume du ciel. Elle ne désire rien de tout ce qui peut être vu ; elle n'aspire qu'au royaume de son époux qui est le sien.

« Elle est pauvre et jalouse du trésor de sa pauvreté ; elle est paisible, et c'est elle qui donne au nom de l'époux une paix que le monde ne peut ni donner ni ôter ; elle est patiente, et c'est par sa patience jusques à la mort de la croix qu'elle est invincible.

« Elle n'oublie jamais que son époux s'enfuit sur la montagne dès qu'on voulut le faire roi ; elle se ressouvient qu'elle doit avoir en commun, avec son époux, la nudité de la croix... Elle ne veut qu'obéir ; elle donne sans cesse l'exemple de la soumission et du zèle pour l'autorité légitime ; elle verserait tout son sang pour la soutenir. Ce serait pour elle un second martyre après celui qu'elle a enduré pour la foi. Princes, elle vous aime ; elle prie nuit et jour pour vous ; vous n'avez point de ressource plus assurée que sa fidélité. Outre qu'elle attire sur vos personnes et sur vos peuples les célestes bénédictions, elle inspire à vos peuples une affection à toute épreuve pour vos personnes qui sont les images de Dieu ici-bas. »

Toute la politique de l'Eglise est dans ces admirables paroles, si sages, si autorisées, si évangéliques. Ceux qui ont voulu compter Fénelon au nombre des précurseurs des idées démocratiques et révolutionnaires ne l'ont certainement pas lu ni compris.

S'il a conseillé à Louis XIV des réformes devenues nécessaires, il n'a jamais ébranlé le principe sacré de l'autorité. S'il a fait entendre des paroles de paix et de douceur en faveur des hérétiques, il n'avait en vue que les personnes, et non la doctrine. Il a écrit, en effet, à Jacques III : « Sur toutes choses, ne forcez jamais vos sujets à changer leur religion, nulle puissance humaine ne peut forcer le retranchement impérissable de la liberté du cœur. La force ne peut jamais persuader les hommes ; elle ne fait que des hypocrites. Quand les rois se mêlent de religion, au lieu de la protéger, ils la mettent en servitude. Accordez à tous la tolérance civile, *non en approuvant tout comme indifférent*, mais en souffrant avec patience ce que Dieu souffre, et en tâchant de ramener les hommes par une douce persuasion. » Mais en quoi ce passage est-il répréhensible ? C'est la doctrine constante de l'Eglise. Ce que le Saint-Siége a condamné dans le *Syllabus,* c'est cette détestable maxime qu'on voudrait ériger aujourd'hui en principe indiscutable : « Que l'Etat est athée, que le bien, le mal, le vrai, le faux, l'Alcoran ou l'Evangile, tout cela est égal, indifférent. »

On l'a dit avec autorité : « le Pape repousse, avec la religion, le bon sens, la vraie philosophie, cet insensé et coupable indifférentisme, et les conséquences de licence absolue qui en découlent, mais il ne repousse pas la tolérance pour les personnes et la tolérance civile des cultes. » Les Papes l'ont toujours pratiquée à Rome même, où les juifs vivaient dans une entière liberté et possédaient leur synagogue, comme les protestants leur temple.

Il faut distinguer donc, comme le fait Fénelon, entre l'indifférence en matière de religion érigée en doctrine, et la tolérance civile des cultes qui s'impose comme une nécessité des temps. La première est frappée de condamnation, la seconde, non.

Mais si Fénelon fait la part des circonstances et des pays dans les rapports à conserver avec les dissidents, il est inflexible sur les principes, et nul n'a revendiqué plus hautement que lui la pleine liberté de l'Eglise.

« S'agit-il du ministère spirituel donné à l'épouse immédiatement par le seul époux, l'Eglise l'exerce *avec une entière indépendance des hommes.* Jésus-Christ dit : Toute puissance m'a été donnée dans le ciel et sur la terre. Allez-donc ; enseignez toutes les nations, les baptisant, etc. C'est c ette toute puissance

de l'époux qui passe à l'épouse et n'a aucune borne ;
toute créature sans exception y est soumise. Comme
les pasteurs doivent donner aux peuples l'exemple de
la plus parfaite soumission et de la plus inviolable
fidélité aux princes pour le temporel, il faut aussi que
les princes, s'ils veulent être chrétiens, donnent aux
peuples à leur tour l'exemple de la plus humble docilité et de la plus exacte obéissance aux pasteurs pour
toutes les choses spirituelles.

« Tout ce que l'Eglise lie ici-bas est lié ; tout ce qu'elle
remet est remis ; tout ce qu'elle décide est confirmé
au ciel. » L'orateur s'élève alors au sublime , dans
un mouvement plein d'énergie et d'éloquence.

« O hommes qui n'êtes qu'hommes, quoique la
flatterie vous tente d'oublier l'humanité et de vous
élever au-dessus d'elle, souvenez-vous que Dieu peut
tout sur vous, et que vous ne pouvez rien contre lui.
Troubler l'Eglise dans ses fonctions, c'est attaquer le
Très-Haut dans ce qu'il a de plus cher, qui est son
épouse ; c'est blasphémer contre ses promesses ; c'est
oser l'impossible ; c'est vouloir renverser le règne
éternel.

« Rois de la terre, vous vous ligueriez en vain
contre le Seigneur et contre son Christ ; en vain vous
renouvelleriez les persécutions ; en les renouvelant
vous ne feriez que purifier l'Eglise et que ramener
pour elle la beauté de ses anciens jours.... Si vous
ne vous humiliez sous sa puissante main, il vous

brisera comme des vases d'argile. La puissance sera enlevée à quiconque osera s'élever contre l'Eglise.

« Ce n'est pas elle qui l'enlève, car elle ne fait que souffrir et prier. SI LES PRINCES VOULAIENT L'ASSERVIR, ELLE OUVRIRAIT SON SEIN ; ELLE DIRAIT : FRAPPEZ ; ELLE AJOUTERAIT, COMME LES APÔTRES : JUGEZ VOUS-MÊMES DEVANT DIEU S'IL EST JUSTE DE VOUS OBÉIR PLUTÔT QU'A LUI. » Quelle grande et saisissante image ! aussi Fénelon profite de l'émotion que ce passage a causée pour tirer les conclusions. Il montre que non-seulement les princes ne peuvent rien contre l'Eglise, mais encore qu'ils ne peuvent rien pour elle , touchant le spirituel, qu'en lui obéissant. Et revenant en terminant sa première partie à l'Electeur qu'il va consacrer Pontife de l'Eglise, il peut lui dire avec autant de dignité que de vérité :

« Venez donc, ô Clément, petit-fils de Maximilien ; venez secourir l'Eglise par vos vertus, comme votre aïeul l'a secourue par les armes. Venez, non pour soutenir d'une main téméraire l'arche chancelante, mais au contraire pour trouver en elle votre soutien. Venez, non pour dominer, mais pour servir. Si vous croyez que l'Eglise n'a aucun besoin de votre appui, et si vous vous donnez humblement à elle, vous serez son ornement et sa consolation. »

Dans la seconde partie de son discours, l'orateur développe la pensée qu'il a indiquée, c'est-à-dire que les princes qui deviennent pasteurs peuvent être très-utiles à l'Eglise, pourvu qu'ils se dévouent au ministère en esprit d'humilité, de patience et de prière.

Il montre la nécessité et l'étendue de l'humilité chez un pasteur : « Descendez, lui dit-il, jusqu'à la dernière brebis de votre troupeau ; rien ne peut être bas dans un ministère qui est au-dessus de l'homme. Descendez donc, descendez ; ne craignez rien, vous ne sauriez jamais trop descendre pour imiter le prince des Pasteurs qui, étant sans usurpation égal à son Père, s'est anéanti en prenant la nature d'esclave. »

Il rappelle que la patience n'est pas moins nécessaire à celui qui a le gouvernement et la charge des âmes que l'humilité. « Le ministre de Jésus-Christ est débiteur à tous, aux sages et aux insensés. C'est une dette immense qui se renouvelle chaque jour et qui ne s'éteint jamais. » Et à ce propos Fénelon trace un modèle accompli du bon Pasteur, et, l'on pourrait dire, sa propre image.

« Non-seulement l'Evêque doit sans cesse étudier les Saintes Lettres, la tradition et la discipline des canons, mais encore il doit écouter tous ceux qui veulent lui parler. » Et c'est alors qu'il s'écrie : « O heureuse faiblesse du pasteur qui s'affaiblit tout exprès par pure condescendance pour se proportionner aux âmes qui manquent de force ! qui est-ce, dit l'apôtre, qui s'affaiblit sans que je m'affaiblisse avec lui ? Qui est-ce qui tombe, sans que mon cœur brûle pour le relever ? O pasteurs, loin de vous tout cœur rétréci ! Elargissez, élargissez vos entrailles. Vous ne savez rien, si vous ne savez que commander, que reprendre, que corriger, que montrer la lettre de la loi. Soyez pères : ce n'est pas assez ; soyez mères ; enfantez dans la douleur ; souffrez de nouveau les douleurs de l'enfantement à chaque effort qu'il faudra faire pour achever de former Jésus-Christ dans un cœur... Attendez sans fin, ô pasteur d'Israël ; espérez contre l'espérance ; imitez la longanimité de Dieu pour les pécheurs ; supportez ce que Dieu supporte ; conjurez, reprenez en toute patience ; il vous sera donné selon la mesure de votre foi. Ne doutez pas que les pierres mêmes ne deviennent enfin des enfants d'Abraham. Vous devez faire comme Dieu, à qui saint Augustin disait : « Vous avez manié mon cœur pour le refaire peu à peu par une main si douce et si miséricordieuse », et dans toute la suite de cette partie, il insistera avec une onction, une tendresse, une sensibilité qui n'appartiennent qu'à lui sur le devoir des Pasteurs d'aimer leur troupeau, d'avoir la clef des cœurs, pour y entrer profondément, car si l'on veut faire du bien aux hommes il faut les aimer et en être aimé ; « nulle puissance humaine ne pouvant forcer le retranchement impénétrable de la liberté d'un cœur. »

Il supplie, il conjure, il trouve les expressions les plus pénétrantes, pour faire bien comprendre à ce nouveau Pasteur, et par lui à tous ceux qui ont été

élus pour continuer le ministère apostolique, que
« le grand art, dans la conduite des âmes, est de se
faire aimer pour faire aimer Dieu, et de gagner la
confiance pour parvenir à la persuasion. »

« O pasteurs d'Israël, conclut-il, travaillez dans
la pure foi, sans consolation, s'il le faut ; possédez
votre âme en patience. Plantez, arrosez, attendez que
Dieu donne l'accroissement ; NE DUSSIEZ-VOUS JAMAIS
PROCURER QUE LE SALUT D'UNE SEULE AME, LES TRA-
VAUX DE VOTRE VIE ENTIÈRE SERAIENT BIEN EM-
PLOYÉS. »

Voilà encore une de ces paroles de notre orateur
qu'on devrait écrire en lettres d'or, et placer avec
honneur en tête des annales du zèle et de la charité
catholiques. On aimerait à finir sur une telle pensée,
une étude sur Fénelon. Mais il faut achever ce discours.

Le consécrateur a encore à donner à l'Élu de
tendres et sages conseils. Il lui recommande la
grande arme des pasteurs et des apôtres : la prière.
Car si tous les fidèles doivent prier, que sera-ce des
pasteurs, médiateurs entre le ciel et la terre.

« Soyez, lui dit-il, le sel de la terre, la lumière du
monde, l'œil qui éclaire le corps de votre Eglise, et la
bouche qui prononce les oracles de la tradition...
Priez sans cesse, pour aimer et pour faire aimer
Dieu, c'est la vie de l'apostolat. Vivez de cette vie

cachée avec Jésus-Christ en Dieu, prince devenu le pasteur des âmes, et vous goûterez combien le Seigneur est doux. Alors vous serez une colonne de la Maison de Dieu ; alors, vous serez l'amour et les délices de l'Eglise. »

Le tendre cœur de Fénelon va s'exhaler dans une dernière et sublime exhortation, qui est comme le couronnement de tout son discours et le dernier mot de son éloquence. Ici, c'est le langage même de l'Écriture, qu'il emprunte pour donner à ses accents une splendeur et une autorité irrésistibles.

« Il ne tient qu'à vous, ô Prince, d'essuyer les larmes de l'Eglise et de la consoler de tous les maux qu'elle souffre dans ces jours de péché.

« Vous ferez refleurir les terres désertes ; vous ramènerez la beauté des anciens jours. Que dis-je ? Levez les yeux et voyez les campagnes déjà blanches pour la moisson. Consolez-vous, consolez-vous, mon peuple, dit notre Dieu. Toute vallée se comblera, toute montagne sera aplanie. Et vous qui évangélisez Sion, montez sur la montagne, élevez avec force votre voix. O vous qui évangélisez Jérusalem, élevez-là, ne craignez rien ; dites aux villes de Juda, voici votre Dieu ! O Eglise, qui recevez de la main du Seigneur un tel époux, voilà des enfants qui vous viennent de loin. Vous serez plus féconde que jamais dans votre vieillesse. Les voilà venus de l'Aquilon, de la mer, et de la terre du Midi..... Levez les yeux autour de vous et voyez ; tous ceux-ci s'assemblent et viennent à vous. O Epouse, il vous environnent, et vous en serez ornée. O Mère qu'on croyait stérile, vos enfants vous diront : L'espace est trop étroit, donnez-nous en d'autres pour habiter. Et vous direz dans votre cœur : Qui est-ce qui m'a donné ces enfants, à moi, qui étais stérile et captive en terre étrangère ? Qui est-ce qui les a nourris ? J'étais seule et abandonnée, et ceux-ci, où étaient-ils alors ?

« Peuples, pour le bonheur desquels se fait cette consécration, que ne puis-je vous faire entendre de loin ma faible voix ! Priez, peuples, priez ; toutes les bénédictions que vous attirerez sur sa tête reviendront sur la vôtre ; plus il recevra de grâces, plus il en répandra sur le troupeau. »

Enfin viennent les derniers souhaits au pontife consacré, qui sont le comble du pathétique : « Et vous, ô Prince, sur qui coule l'onction du Saint-Esprit, ressuscitez sans cesse la grâce que vous recevez par l'imposition de nos mains. Que ce grand jour règle tous les autres jours de votre vie jusqu'à celui de votre mort. Soyez toujours le bon pasteur, prêt à donner votre vie pour vos chères brebis, comme vous voulez l'être aujourd'hui, et comme vous voudriez l'avoir été au moment, où dépouillé de toute grandeur terrestre, vous irez rendre compte à Dieu de votre ministère. Priez, aimez, faites aimer Dieu ; rendez-le aimable en vous ; faites qu'on le sente en votre personne ; répandez au loin la bonne odeur de Jésus-Christ ; soyez la force, la lumière, la consolation de votre troupeau ; que votre troupeau soit votre joie et votre couronne au jour de Jésus-Christ.

« O Dieu, vous l'avez aimé dès l'Eternité ; vous voulez qu'il vous aime et qu'il vous fasse aimer ici-bas. Portez-le dans votre sein, au travers des périls et des tentations..... que la foi fasse seule en lui l'œuvre de la foi ! Qu'au moment où il ira paraître devant vous, les pauvres nourris, les riches humiliés, les ignorants instruits, les abus réformés, la discipline rétablie, l'Eglise soutenue et consolée par ses vertus, le présentent devant le trône de la grâce, pour recevoir de vos mains la couronne qui ne se flétrira jamais ! »

En lisant et en méditant de telles œuvres, on éprouve un regret profond, en songeant que bien d'autres du même mérite, laissées par Fénelon, ont été perdues pour la postérité ; et on comprend qu'un grand critique ait pu dire « qu'on voudrait penser comme Pascal, écrire comme Bossuet, parler comme Fénelon. »

Il est temps, je le sens, de clore cette étude. Pour tout homme impartial, il est manifeste que si restreint que soit le nombre des œuvres oratoires de l'archevêque de Cambrai, elles suffisent à lui assurer le renom d'orateur, et lui assignent un rang d'honneur parmi ces maîtres qui, pour n'avoir enfanté que deux ou trois chefs-d'œuvre, sont pour jamais en possession de la gloire.

Celle de l'immortel Fénelon a tant d'autres titres, qu'elle semble n'avoir rien à gagner à cette auréole nouvelle, qu'une étude plus scrupuleuse de ses œuvres lui a restituée dès le commencement de ce siècle. Il ne nous a pas paru inutile cependant de la remettre en lumière, guidé par l'unique souci de ce que nous avons cru être la vérité.

Assurément, en parlant de Fénelon, à moins d'être lui-même, on reste toujours bien au-dessous de son sujet, mais on y éprouve un tel charme, on s'y sent entraîné par un tel élan de cœur, qu'on ne laisse plus parler en quelque sorte la raison, selon l'agréable expression de Lamartine. Il semble que le regard et le sourire s'en mêlent, que sa voix harmonieuse retentit à vos oreilles, que sa personne délicate et distinguée se penche vers vous, et qu'on va surprendre sur ses lèvres et dans son cœur les accents enchanteurs qu'ils recélaient.

On nous pardonnera donc, s'ils ont quelquefois excédé la mesure, nos éloges et notre enthousiasme ; pour nous, nous ne croyons pas que l'admiration puisse jamais dépasser, ni peut-être même atteindre la hauteur de ce pur et sublime génie, non plus que la tendresse et la largeur de sa grande âme.

Sans doute le succès n'a pas couronné ses efforts. Rien de ce qu'il a entrepris ne semble avoir véritablement réussi. Il avait formé un prince qui devait être les délices de la France et l'édification de son siècle. La mort a frappé le duc de Bourgogne dans la fleur de son âge, de sa vertu et de sa renommée. Le règne de ce prince eût évité à notre pays les tempêtes politiques et sociales, dans lesquelles, plusieurs fois déjà, depuis deux siècles, il a failli sombrer.

Les réformes si sages, si bien appropriées à notre tempérament national, que Fénelon voulait apporter dans le gouvernement, et qui, sincèrement appliquées, eussent rendu impossible et sans objet la Révolution de 1789, n'ont pas été accueillies ni comprises par ceux qu'elles intéressaient le plus.

Son principal ouvrage littéraire, *Télémaque*, loin de lui apporter quelque consolation, a été pour lui la cause et le signal d'une nouvelle persécution et d'une irréparable disgrâce. Ses meilleurs desseins semblent avoir été contrariés par les événements autant que par les hommes.

Ses principes sur l'éloquence sacrée et la réformation qu'il a tenté d'apporter dans la chaire française, n'ont pas eu un sort plus heureux. Le XVIIIe siècle n'y fit aucune attention ; c'est à peine s'il les connût. On s'éloigna de plus en plus de l'Écriture sainte, des homélies, des instructions paternelles et apostoliques ; on eut horreur du naturel et du simple. La chaire se ressentit du mauvais goût du temps. On y porta la manie de philosopher, qui s'était emparée de toutes les têtes ; on y trouvait des raisonneurs compassés et sentencieux, des moralistes, des économistes, des humanitaires ; on y cherchait les apôtres. La forme elle-même était celle précisément que Fénelon avait le plus en aversion, et dont il avait essayé de détourner, par les réflexions les plus sensées, les jeunes orateurs. Plus rien de naturel dans le style : tout y était solennel, affecté, travaillé. On aimait les périodes nombreuses et les phrases méthodiquement cadencées. Bref, on était aussi loin que possible des conseils et des préceptes des *Dialogues sur l'Eloquence*.

La voix de Fénelon était demeurée sans écho. Son œuvre semblait avoir avorté.

Mais c'est le propre de la vérité de survivre à toutes les négations, à l'oubli comme à l'erreur. Quand, de retour de l'exil, le clergé français eût relevé de leurs ruines les paroisses et les églises, et se fût remis aux paisibles études, on se souvint des maîtres, on réédita leurs œuvres, on réimprima les *Dialogues sur l'Eloquence* de Fénelon; on donna au public la belle édition complète de 1827. Dès lors, les conseils et les préceptes de l'immortel archevêque de Cambrai attirèrent l'attention. Ils reprirent possession des âmes délicates, et peu à peu, de tous les esprits cultivés. Devant la transformation qui s'opérait dans notre littérature et dans nos mœurs, de fermes et bons esprits comprirent, au sein du clergé, qu'il

fallait abandonner les errements de la chaire du
XVIIIe siècle, et remonter jusqu'aux sources. On com-
mença à faire pour la rhétorique sacrée, ce qu'on a
accompli avec un si éclatant succès pour l'art chrétien. La science et le culte de nos vieilles et incomparables basiliques s'étendirent, le goût s'épura, les
belles traditions refleurirent. Les études historiques
suivirent le même courant. En archéologie, en histoire, en liturgie, en musique sacrée, partout on sentit
l'impérieuse nécessité de remonter aux sources toujours pures et toujours fécondes.

L'éloquence sacrée est entrée dans ce mouvement.
Elle s'efforce de se rapprocher chaque jour des maîtres et des modèles. On éprouve le besoin de revenir
au naturel. On remet en honneur la prédication apostolique. Le choix des sujets est en général plus conforme à la haute mission de l'orateur chrétien, le style
plus vivant, plus personnel, plus dégagé de recherche
et d'enflure, l'action moins monotone et moins pom-
peuse, plus voisine de la vérité ; toutes ces qualités
qui tendent à s'acclimater dans la chaire contemporaine permettent de célébrer ses incontestables progrès. D'illustres exemples sont venus confirmer les
préceptes. Les accents et les œuvres de Frayssinous,
du cardinal Giraud, de Mgr Cœur, du P. Lacordaire,
du P. de Ravignan, de l'abbé Combalot, de Mgr Du-
fêtre, de Mgr Landriot, de Mgr Plantier, parmi les
morts, sont présents à tous les souvenirs. Il nous est

interdit de louer les vivants, mais qui ne connaît les modèles accomplis d'homélies qui nous viennent du siége de Saint-Hilaire et qui rappellent les meilleures œuvres de l'âge d'or des Pères et des Docteurs; qui n'a entendu quelques-unes de ces voix éloquentes de la chaire moderne, voix d'évêques dont le nom est sur toutes les lèvres, voix d'orateurs dont les écrits ornent toutes les bibliothèques, et qui nous prouvent que les glorieuses traditions de l'éloquence religieuse ne sauraient périr. Le retour aux vrais principes, aux règles saines et fécondes est manifeste. Il faut y aider de plus en plus. Il faut populariser le goût des Saintes Lettres, les fortes études, la connaissance des Pères, l'estime de la belle simplicité, le naturel surtout dans la déclamation. Il faut accoutumer les jeunes clercs moins à prêcher qu'à parler, à bien dire, et qu'on nous pardonne ce conseil, à bien lire. Peut-être sur ce point, l'éducation de nos séminaires laisse-t-elle quelque chose à désirer.

L'étude de Fénelon à tous ces points de vue est à recommander. Elle produira dans tous les esprits droits des fruits immédiats et abondants.

Un mot encore avant de terminer, et ce mot, c'est notre cœur qui nous l'impose.

Au cours de cette étude, nous avons pu paraître sévère pour les prédicateurs inférieurs à leur sainte et sublime mission. Nous avons exalté le génie de quelques-uns, nous avons célébré avec l'admiration qui leur est due les grands noms des Augustin, des Bossuet, des Fénelon, et nous avons laissé dans l'ombre tous ces dignes ministres de la parole sainte dont la mémoire comme la vie est demeurée cachée dans le Christ leur bien aimé. Mais Dieu nous garde de méconnaître leurs mérites et leurs bienfaits, à ces humbles ouvriers de l'Evangile.

Ils ont passé, comme nous passerons tous, ces prêtres, ces missionnaires, ces moines, ces évêques, au cœur tendre et compatissant, au zèle ardent, à la voix infatigable, échos tour–à–tour puissants et doux de la voix du Maître, aujourd'hui ignorés des hommes et ensevelis dans l'oubli des temps. Ils se sont succédé les uns aux autres, laissant dans la mort leur hymne inachevé, mais rendant gloire à Dieu, et composant de tous leurs accents épars une immense acclamation de foi et d'amour. Ils ont passé comme les flots de l'océan qui se poussent en gémissant leur éternel murmure, et célèbrent tour–à–tour dans la tempête ou dans le calme, à travers leurs mugissements ou leurs plaintes monotones, avec une égale docilité, la majesté du Créateur.

O belle, ô aimable, ô généreuse multitude d'apôtres, vous les humbles, les ignorés, les inconnus, vous n'avez pas de nom dans l'histoire ; vous n'avez reçu de vos travaux ici-bas nulle récompense, nulle louange, nulle gloire ; vous avez, au contraire, porté le poids du jour, de la lutte, du dédain et peut–être de la persécution ; mais parce que vous avez mêlé votre voix, pendant les jours de votre pèlerinage, au concert des voix qui bénissent et qui consolent ; mais parce que vous avez pleuré avec les affligés, défendu les faibles, relevé les pécheurs, enfanté à la vie des multitudes abandonnées, vous apparaîtrez dans la gloire, à l'heure des grandes révélations, et, selon la parole de nos Saintes Lettres, vous brillerez comme des astres dans les splendeurs infinies !

Et maintenant, il ne nous reste plus qu'à formuler nos conclusions, qui ne sont autres que celles indiquées par nos précédentes divisions :

1° Nous croyons qu'on doit ranger Fénelon parmi les maîtres de l'éloquence sacrée, tant à cause des préceptes excellents qu'il a donnés de cet art, qu'en raison des œuvres oratoires qu'il a laissées ;

2° Fénelon, orateur, a puisé son éloquence aux véritables sources, c'est-à-dire, dans la science, la la piété et le cœur.

Il s'était préparé par de fortes études au ministère de la parole. Il possédait la science profane et la science sacrée ; toutes deux à un degré exceptionnel. Il était profondément pieux, et il avait un cœur éminemment bon, sensible et généreux ;

3° En étudiant attentivement les préceptes qu'il nous a laissés sur l'éloquence sacrée, on voit qu'il s'était fait une grande et juste idée du ministère de la parole sainte ; que s'il signale les abus et les défauts qui peuvent l'atteindre, il indique aussi le moyen de les éviter ; qu'il a été animé dans ses observations, non par un esprit de critique, mais par le vif désir de rendre à l'éloquence sacrée tout son prestige et son efficacité ;

4° Ses œuvres oratoires, quoi qu'en petit nombre, renferment de telles beautés et révèlent une telle éloquence, qu'elles le placent à côté des maîtres de la parole, et permettent, en particulier, de le saluer comme une des gloires de la chaire française.

FIN.

Avec l'aide de Dieu et sous la protection de la glorieuse Vierge Marie, Mère de Dieu, M. l'abbé LOTH *, professeur d'Eloquence sacrée à la Faculté de Théologie de Rouen, soutiendra la présente thèse devant la Faculté de Théologie de Bordeaux.*

M. CALLÈRE, *chanoine honoraire, professeur d'Eloquence sacrée, est chargé d'examiner la présente thèse.*

15 septembre 1875.

Le Doyen ,

CIROT DE LA VILLE,

Camerier secret de Sa Sainteté, Chanoine honoraire.

Vu et approuvé :

J. CALLÈRE,

Chanoine honoraire, professeur d'Eloquence sacrée à la Faculté de Théologie de Bordeaux.

Bordeaux, le 18 septembre 1875.

Vu et permis d'imprimer :

Le Recteur,

DABAS.

TABLE DES MATIÈRES.

Rouen. — E. Cagniard, imprimeur de la Faculté de Théologie.